초등 저학년을 위한
체험학습 보고서 쓰기, 가족신문 만들기

체험학습 보고서 쓰기, 가족신문 만들기

1판 1쇄 발행 2009년 7월 20일
1판 4쇄 발행 2011년 8월 30일

집필	강승임
기획	이봉순
편집	디박스
디자인	디박스
일러스트	강은옥
발행인	이연화
발행처	아주큰선물

주소	서울시 용산구 이촌동 한가람 Ⓐ 214-1002
대표전화	02-796-7411
대표팩스	02-796-7412
등록번호	106-09-23890

※ 이 교재를 무단 복사, 복제할 경우 법의 처벌을 받게 됩니다.

초등 저학년을 위한
체험학습 보고서 쓰기, 가족신문 만들기

아주큰선물

머리말

우리 아이 체험학습보고서 쓰기와
가족신문 만들기 고민 끝!

학교에서 내는 과제 중에서 엄마들을 아주 골치 아프게 하는 과제가 둘 있습니다. 바로 각종 보고서 쓰기와 신문 만들기입니다. 체험학습보고서, 탐구보고서, 관찰기록문, 견학기록문, 가족신문, 독서신문, 학습신문, ……. 일기나 독서록에 비해 내용도 많고 구성도 복잡하기 때문에 쉬 엄두가 나지 않지요. 아이들 역시 무엇을 어떻게 써야 할지 막막해하고요.

하지만 선생님들은 이런 상황에 아랑곳하지 않고 보고서 쓰기와 신문 만들기를 종종 숙제로 내십니다. 아이들이 체험을 얼마만큼 진하게 했는지, 또 얼마만큼 창의적이면서도 실용적인 생각을 하고 있는지 알아보기 위해서지요.

실제로 아이들은 체험학습보고서나 가족신문을 만들고 작성하는 과정에서 자기 경험을 정리하는 능력, 의미 있는 경험으로 구성하는 능력, 창의적으로 표현하는 능력 등을 기를 수 있습니다.

그런데 엄마들도 선생님도 다른 여느 글쓰기와 마찬가지로 실질적인 도움을 주기 어렵습니다. 아이가 겪은 일, 관찰한 일, 탐구한 일, 견학한 일은 모두 아이의 경험이고 아이의 느낌이기 때문입니다.

물론 간단한 팁 정도는 줄 수 있습니다. "네가 어떤 걸 경험했는지 쓰면 돼.", "경험하고 나서의 느낌을 쓰렴.", "알리고 싶은 일들을 적는 거야."하고 말입니다. 하지만 아이들은 이런 말을 듣고도 쉽게 써 내려가지 못하지요. 자기의 경험, 또는 생각 중 어떤 것을 선택하고 어떤 내용을 부각시켜야 하는지, 사실과 생각을 어느 정도 담아야 하는지 판단이 서지 않기 때문입니다.

그렇다면 체험학습보고서도 쓰고 가족신문도 만들려는 아이에게 어떻게 도움을 줄 수 있을까요? 아이가 필요한 건 지침서가 아니라, 구체적으로 어떻게 조직하고 표현해야 하는지를 보여 주는 실제 글입니다. 아이에게는 모범 글이 되겠지요.

이 책에 잔뜩 들어 있는 것이 바로 아이들 눈높이에서 재미있게 쓴 체험학습보고서와 가족신문입니다. 아이들이 바로 따라 쓸 수 있도록, 그러면서 스스로 자기 경험에 빛을 더할 수 있도록 알차게 구성되어 있습니다!

강승임

목차

제1부 느낌이 살아 있다~
생생 체험학습보고서 뚝딱 쓰기

마음을 쑥쑥 키워 보자! **체험학습보고서 쓰기**

1 : 영양만점의 고소한 치즈 치즈 만들기 체험 : **014**
2 : 이것이 고향의 맛이로구나! 향토 음식 체험 : **016**
3 : 돌담을 따라 쉬엄쉬엄 걷는 길 제주도 올레 체험 : **020**
4 : 한국인의 매운 맛 김치 김치 만들기 체험 : **022**
5 : 마음을 조용하게 다스리는 방법 템플 스테이 : **026**
6 : 도자기에 어떻게 영혼을 담을 수 있을까 도자기 체험 : **028**
7 : 은은한 빛깔의 우리 종이 한지 만들기 체험 : **030**
8 : 예의바른 어린이는 너무 힘들어 청학동 서당 체험 : **032**

2 곤충학자가 될까, 천문학자가 될까? 관찰기록문 쓰기

1 : 지렁이 똥은 어떻게 생겼을까? 지렁이 키우기 : **036**
2 : 공중곡예의 달인 거미, 어떻게 거미줄을 칠까? : **040**
3 : 우리동네 약수터 식물들, 식물들의 잎차례 관찰 : **042**
4 : 쑥쑥 자라는 기쁨, 아기 장수풍뎅이의 성장 관찰 : **044**
5 : 별별 무슨 별? 여름밤 별자리 관찰 : **048**
6 : 강아지의 똥 누는 습관 잡기 동이의 우리 집 적응기 : **050**

3 궁금한 건 못 참아, 호기심 해결사! 탐구보고서 쓰기

1 : 갯벌에는 어떤 생물들이 살까? 흥미로운 갯벌체험 : **054**
2 : 모기는 왜 우리 피를 먹는 걸까? 해충 체험 : **058**
3 : 떡볶이가 몸속으로 들어가면 어떤 일이 생길까? 신비로운 인체 체험 : **060**
4 : 늪은 어떻게 물을 깨끗하게 해 줄 수 있을까? 선유도 공원 탐사 : **064**
5 : 동굴은 어떻게 해서 생기는 걸까? 동굴 체험 : **066**
6 : 공룡은 몸집이 얼마만큼 클까? 공룡박물관 체험 : **068**
7 : 돌하르방은 왜 구멍이 숭숭 뚫려 있는 걸까? 제주도 문화 체험 : **072**
8 : 옛날 무덤 속엔 무엇이 있었을까? 고인돌 유적 체험 : **074**
9 : 미라는 정말 저주를 내릴까? 이집트 미라 체험 : **076**
10 : 시원한 바람의 정체는 뭘까? 에어컨 바람이 차가운 까닭 : **078**

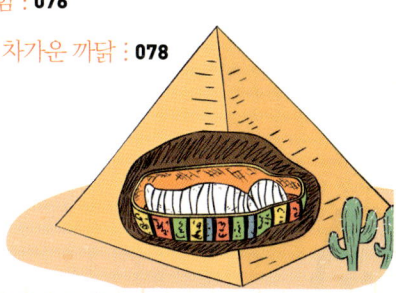

제2부 박물관이 살아 있다~ 박물관 체험학습보고서 뚝딱 쓰기

1 옛날 사람들은 어떻게 살았을까? 전통문화와 생활 박물관

1 : 옛날 사람들의 농사짓기 농업박물관 : 084
2 : 우리 조상들의 놀라운 손재주 짚 · 풀생활사박물관 : 086
3 : 우리 민족의 숨결 느끼기 국립민속박물관 : 088
4 : 조상들은 어떤 신을 믿었을까? 건들바우박물관 : 090
5 : 왕과 왕비가 쓰던 물건들 국립고궁박물관 : 092
6 : 꽃보다 아름다워~ 한국자수박물관 : 094
7 : 떡 하나 주면 안 잡아먹지~ 떡 박물관 : 096

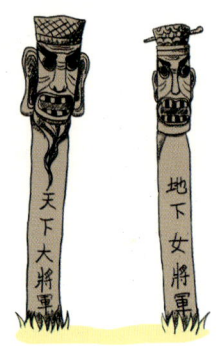

2 역사의 숨결을 느껴 볼까? 찬란한 유산과 역사 박물관

1 : 우리 나라를 빛내는 국보들이 한자리에~ 국립중앙박물관 : 100
2 : 신라의 천 년 역사를 한눈에~ 국립경주박물관 : 102
3 : 백제 역사가 다시 한 번 빛나던 시절~ 국립공주박물관 : 104
4 : 세상에서 가장 훌륭한 임금님! 세종대왕기념관 : 106
5 : 이순신 장군의 혼이 있는 곳, 현충사 : 108
6 : 외적에 맞서는 용기! 강화역사관 : 110
7 : 일제를 향한 우리 겨레의 함성! 독립기념관 : 112

놀면서 배우기, 배우면서 놀기 놀이와 과학 박물관

1 : 떠들어도 되고, 놀아도 돼요! 삼성어린이박물관 : 116
2 : 에디슨도 울고 갈 발명품들의 집, 별난물건박물관 : 118
3 : 상상력이 넘치는 세계, 한국만화박물관 : 120
4 : 오, 필승 코리아! 2002FIFA월드컵기념관 : 122
5 : 미래의 인간 친구 만나기, 부천로보파크 : 124
6 : 어두운 바다를 비추는 불빛, 국립등대박물관 : 126
7 : 이렇게 즐거운 자연공부가?! 서대문자연사박물관 : 128

제3부 기사가 살아 있다~ 가족신문 뚝딱 만들기

1 : 우리는 한 가족, 가족신문 만들기 : 132
2 : 35일간의 특별한 날들, 방학신문 만들기 : 138
3 : 신문 안의 작은도서관, 독서신문 만들기 : 144
4 : 기사로 읽는 생생 체험, 여행신문 만들기 : 150
5 : 신문 공부? 공부 신문! 학습신문 만들기 : 156

부록 : 이미지 컷 목록 : 162

느낌이 살아 있다~

생생체험학습보고서 뚝딱 쓰기

제1부

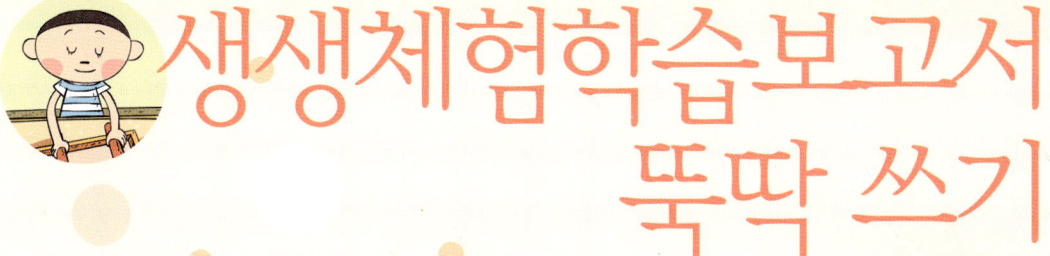

1

마음을 쑥쑥 키워보자!
체험학습보고서 쓰기

1. 영양만점의 고소한 치즈
치즈 만들기 체험

치즈는 우리 나라에서 개발된 음식은 아니지만 요즘엔 우리 나라 목장에서도 조금씩 만들고 있어요. 치즈는 우유로 만드니까요. 치즈 만들기는 생각보다 매우 간단하답니다. 우유에 몇 가지 재료만 섞으면 돼요. 직접 만든 치즈를 먹어도 보고, 피자도 만들어 봅니다.

| 체험 주제 | 치즈는 어떻게 만들까? | 체험 장소: 전북 임실 치즈마을 |

체험동기 및 목적

나는 치즈를 아주 좋아한다. 그냥도 먹고 피자에 있는 치즈, 스파게티에 있는 치즈도 잘 먹는다. 그런데 이 치즈는 어떻게 만들까? 이 궁금증을 해결하기 위해 직접 치즈를 만들어 보기로 했다. 치즈 마을에 가서 말이다.

사전학습

치즈, 제대로 알고 체험 가자!

치즈는 우유단백질이다. 단백질은 우리 몸의 세포를 만드는 영양분이다. 또 치즈 안에는 칼슘도 많다. 칼슘은 뼈를 튼튼하게 한다. 그러니까 쑥쑥 잘 자라야 하는 어린이들에게 치즈는 좋은 음식이다.

• • 체험내용과 느낀점

임실에 있는 치즈마을에 갔다. 하룻밤을 자고 오는 체험여행이었다. 거기서 경운기도 타고, 치즈도 만들고, 송아지 젖도 먹이고, 언덕에서 풀썰매도 탔다. 난생 처음 산양도 보고 말이다. 참, 치즈 돈까스도 실컷 먹었다. 마을을 구석구석 돌아다니면서 구경도 많이 했다. 그런데 소랑 양이 있는 곳에서는 좀 냄새가 났다.

덜컹덜컹 흥겨운 경운기 타기!

경운기는 빨리 달리지는 않지만 뒤에 타고 있으면 덜컹거리는 게 재미있다. 또 천천히 달리니까 주변을 잘 볼 수 있고, 지붕도 문도 없으니까 시원하다.

덜컹덜컹 경운기 타기

쭈욱쭈욱 늘어나는 치즈~

치즈는 우유에 유산균과 렌넷이라는 걸 넣고 저은 다음 7시간이 지나면 몽글몽글해지고 그걸 걸러 꼭 짜면 된다고 한다. 그때 만들어지는 치즈가 니코타 치즈! 그런데 그렇게 오랜 시간을 기다릴 수 없으니까 이미 만들어진 니코타 치즈로 피자 치즈를 만들었다.

순서는 이랬다.

❶ 니코타 치즈를 큰 양푼 그릇에 손으로 뚝뚝 잘라넣는다.

쭉쭉 늘어나는 치즈

❷ 엄청 뜨거운 물을 붓고 약간 식을 때까지 기다린 다음 그릇 속에 손을 넣어 치즈를 주무른다. 밀가루 반죽을 하는 느낌이기도 하고 두부 같은 느낌이기도 하고 주무를수록 부드러우면서도 쫀득쫀득한 느낌이다.

❸ 반죽이 다 되면 치즈 덩어리를 건져 쭉쭉 늘린다. 엄청 늘어난다. 이게 피자 치즈!

선생님 몰래 피자 치즈를 먹어 보았다. 고소하기도 하고 아주 쫄깃했다. 내가 만들어서 그런지 마트에서 파는 치즈보다 맛있었다.

치즈 만들기가 끝나고 나서 그 치즈로 피자도 만들었다. 피자도 역시 최고!

내가 만든 피자

2. 이것이 고향의 맛이로구나!
향토 음식 체험

여행을 하다 보면 평소에 본 적도 먹은 적도 없는 음식들을 만날 기회가 있어요. 바로 그 지역을 대표하는 음식이지요. 이런 음식들은 독특한 맛을 내면서 여행의 즐거움을 한껏 돋워요.

음식 여행을 떠나 맛을 체험해 봅니다.

체험주제	고향의 맛은 어떤 맛일까?	체험장소: 전주, 부산, 서울 등
		작성자	서주아

체험동기 및 목적

우리 할머니 고향은 춘천인데 메밀막국수가 맛있다고 한다. 나는 아직 한 번도 안 먹어 보았는데 자꾸 들으니까 먹고 싶은 마음이 생겼다. 또 다른 지역에는 어떤 특별한 음식이 있는지 궁금해서 조사도 하고 직접 먹어도 보았다.

사전학습

1. 함경도 : 함흥냉면, 강냉이밥, 찐조밥, 감자국수, 옥수수죽 등
2. 평안도 : 평양냉면, 어복쟁반, 온면, 만두국, 고사리죽, 녹두지짐 등
3. 황해도 : 수수죽, 밀범벅, 강엿, 황해도고기전, 잡곡밥, 누름적 등
4. 경기도 : 조랭이떡국, 냉콩국수, 팥죽, 수수부꾸미, 오미자화채 등
5. 강원도 : 메밀막국수, 감자수제비, 강냉이범벅, 도토리묵, 오징어순대 등
6. 충청도 : 호박범벅, 어리굴젓, 호도장아찌, 넙치아욱국, 콩나물밥 등
7. 전라도 : 전주비빔밥, 콩나물국밥, 깨죽, 홍어찜, 꼬막무침 등
8. 경상도 : 아구찜, 미나리강회, 대구맑은국 등
9. 제주도 : 자리물회, 전복죽, 옥돔죽, 전복회, 소라회, 고사리전, 몸국 등

체험 내용

1 | 속을 풀어주는 시원한(?) 전주콩나물국밥! — 7월 28일 전주

진안에 있는 마이산에 갔다가 전주로 와서 콩나물국밥을 먹었다! 그런데 반찬도 별로 없고 콩나물국에 밥을 말아 뚝배기 그릇에 나온 게 전부였다.

내가 투덜대니까 아빠가 국밥은 원래 이런 거라고 했다. 술을 먹고 다음 날 입맛이 없을 때 먹으면 딱이라고 하셨다.

"그럼 어린이는 먹으면 안 돼요?"

아빠가 콩나물은 모두에게 좋은 건강음식이니까 괜찮다고 하셨다. 그리고 같이 나온 장조림은 반찬이 아니고 얹어먹는 거니까 먹을 만큼 넣으라고 하셨다.

아빠는 먹으면서 자꾸 시원하다고 했는데, 나는 뜨거워서 혼났다. 참, 날계란도 나왔는데, 국에 넣어 섞어 먹었다.

전주콩나물국밥

2 | 영원한 냉면 라이벌, 평양냉면과 함흥냉면 — 8월 2일 서울

냉면집에 가서 엄마는 평양냉면을 시키고 나는 함흥냉면을 시켰다. 평양냉면은 시원한 국물이 있고, 함흥냉면은 국물이 없다. 대신 고추장을 잔뜩 넣어 비벼 먹는다. 그래서 평양냉면은 물냉면, 함흥냉면은 비빔냉면이라고도 한다.

평양냉면과 함흥냉면

평양냉면의 국수는 메밀가루이고, 함흥냉면은 감자가루이다.

함흥냉면 국수가 훨씬 쫄깃쫄깃했다. 그래서 잘 씹히지도 않았다.

나는 평양냉면이 맛있다. 시원한 국물이 있어서이다. 함흥냉면은 너무 매워서 입안이 얼얼했다.

3 | 먹는 재미, 보는 재미가 솔솔~ 부산 미나리강회 — 8월 7일 부산

부산 해운대 해수욕장에서 물놀이를 한 다음 미나리강회를 먹으러 갔다.

'미나리강회'라는 이름을 들었을 때는 '강'이라는 말 때문에 뭔가 강한 음식 같은 느낌이었다. 그런데 접시에 나온 모습을 보니 너무 예뻤다. 네모난 꽃 같았다.

계란을 흰자와 노른자를 나눠서 얇게 부친 다음에 직사각형으로 자르고, 실고추와 납작하고 얇게 썬 고기를 차례로 쌓은 다음 미나리로 돌돌 감아서 나왔다.

한 개 집어서 초고추장에 찍어 먹었다. 새콤달콤한 초고추장 맛이 먼저 났고, 점점 미나리 향이 났다. 그래서인지 약간 상쾌한 느낌이었다.

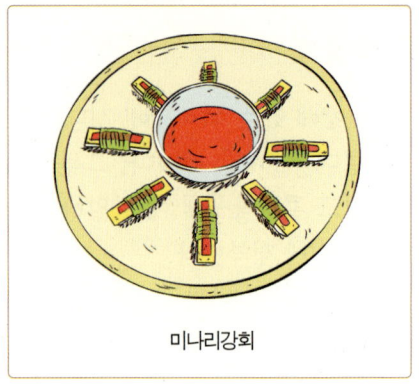

미나리강회

4 | 사랑이 가득 담긴 할머니표 메밀막국수 — 8월 12일 광명시 하안동

국수는 대부분 국물이 있는데, 메밀막국수는 국물이 없다. 메밀국수가 돌돌 말려 나오면 그 위에 고추장 양념이랑, 무채, 김, 오이 등을 넣고 비벼 먹는 것이다.

달콤한 맛이 나서 여쭤 보니 설탕이 들어갔다고 했다. 깔끔하고도 달콤한 맛이 좋았다. 처음 먹는데도 배부르게 잘 먹었다.

할머니가 내가 먹는 모습을 보고 "역시 핏줄은 못 속이는구나." 하시면서 웃으셨다. 내 생각도 그렇다.

메밀막국수

5 세상에 이런 국은 처음이야~ 제주 몸국 — 8월 17일 서울

'몸'은 바다에서 나는 풀인데, 정식 이름은 모자반이다. 몸국이 나오자 나는 순간 얼굴을 찌푸렸다. 국이 너무 이상하게 생겼고, 색깔도 냄새도 다 이상했다.

이 국을 먹을 수 있을까 걱정이 되었지만 눈을 딱 감고 한 숟가락 먹었다. 맛이 나쁘지는 않았지만 괜히 찜찜했다. 매운 맛은 전혀 없고 약간 끈적한 느낌이었다. 국물은 돼지고기 육수이고, 모자반과 잘게 썬 돼지고기가 들어 있다. 끈적끈적한 국물의 정체는 메밀가루를 풀어넣었기 때문이다.

제주도 음식은 특이하다. 예전에 먹었던 자리회도 진짜 맛도 냄새도 다 특이했는데, 이 몸국은 더 특이하다.

제주 몸국과 모자반

체험 후 새로 알게 된 점과 느낀 점

향토 음식을 왜 고향의 맛이라고 하는지 알겠다. 그건 그 지역에서 처음 만들어졌기 때문이다. 그런데 요즘에는 향토 음식이 전국에 다 있어서 아무 때나 먹을 수 있다.

참, 향토 음식 중에는 면 종류가 많은 것 같다. 다음에는 전국의 대표 면 음식을 다 먹어보는 체험을 해 봐야겠다.

더 알고 싶은 점 조사

지역마다 음식이 조금씩 다른 까닭은?

가장 큰 이유는 모두 우리 나라에 있는 지역이지만 자연환경과 날씨가 조금씩은 다르기 때문에 거기서 나는 재료들도 달라서이다.

그래서 메밀을 키우는 곳에서는 메밀가루로 떡도 만들고 국수도 만든다.

3. 돌담을 따라 쉬엄쉬엄 걷는 길
제주도 올레 체험

체험은 꼭 무언가를 만들고 해 보는 것만이 아니라, 걷는 것도 하나의 체험일 수 있답니다. 걸으면서 마음이 평온해지고 주변의 작은 식물과 곤충들을 어느 때보다 천천히 볼 수 있으니 마음의 체험이 될 거예요.
쉬엄쉬엄 걸으면서 마음을 달랠 수 있는 제주도 올레 길을 가족과 함께 걸어 봅니다.

| 체험 주제 | 이상한 나라의 길, 올레 체험 | 체험 장소 | 제주도 서귀포시 |

• 체험 내용과 느낀 점

우리 엄마의 소원 중 하나는 스페인에 있는 '산티아고 순례길'을 가는 것이다. 그 길을 다 걸으려면 한 달도 넘게 걸린다고 한다. 그렇게 긴 길을 다리 아프게 왜 걷고 싶은지 모르겠다. 그런데 엄마는 거기에는 못 가니까 제주도에 있는 올레 길에 가자고 했다. 나도 텔레비전에서 보았는데, 사람들이 다 좋다고 말했다. 정말 좋을까? 뭐가 좋을까? 나는 알쏭달쏭한 채로 올레 길을 갔다.

올레 코스는 총 15개인데 코스로 치면 14개이다. 왜냐하면 7코스가 2개이기 때문이다. 우리 가족은 서귀포에서 잠을 잘 것이기 때문에 6코스와 7코스 중에 가기로 했다. 좋으면 둘 다 가고.

제주 올레 코스

6코스는 쇠소깍에서 외돌개까지 걷는 것이다. 점심을 먹고 쇠소깍에 갔다. 거기는 꼭 계곡 같았다. 물이 아주 맑았다. 사람들이 뗏목을 타고 놀고 있었다. 잠깐 구경하다 나왔다.

화살표를 따라 올레를 걸었는데, 길이 좁았다. 하지만 답답하거나 그렇지는 않았고, 다른 나라에 온 것 같은 느낌이었다. 왜냐하면 길옆에 바로 바다가 있었기 때문이다. 길 왼쪽에는 바다, 오른쪽엔 멀리 한라산.

쇠소깍

"엄마, 여기 우리 나라 아닌 것 같아."
"그치? 엄마도 좀 그래. 저것 봐."
엄마가 바다를 가리켰다. 내가 제일 좋아하는 에메랄드빛 녹색이었다. 바다를 보니 풍덩 빠지고 싶은 맘이 생겼다.
"엄마, 여기서 수영하고 가면 안 돼?"
"안 돼!"
우리는 그냥 또 걸었다.

제주 올레 길

올레 길을 걷는 동안 폭포도 두 개나 보았다. 정방폭포와 천지연폭포이다. 정방폭포는 바로 바다 옆에 있었고, 천지연폭포는 좀 안쪽으로 들어가 있었다. 나는 천지연폭포가 멋있었다. 폭포 소리도 시원하고 진짜 하늘나라에 온 것 같은 기분이었다.

마지막은 외돌개. 외돌개는 우뚝 솟은 큰 돌이다. 중간에 이것도 보고 저것도 보고 좀 쉬기도 하면서 와서 힘들지는 않았는데, 다리는 아팠다.

저녁은 푸짐한 해물뚝배기와 갈치 조림을 먹었다.

외돌개

4. 한국인의 매운 맛 김치
김치 만들기 체험

우리 나라를 대표하는 음식은 무엇일까요? 바로 김치입니다. 그러면 김치에 대해 자세히 알고 있나요? 김치를 만드는 법, 김치의 재료와 종류, 김치의 영양 등을 잘 알아 나중에 외국 사람을 만나면 이야기해 주세요.

김치박물관에 가서 김치도 직접 만들어 봅니다.

체험주제	한국인의 매운 맛 김치 체험!	체험장소	풀무원 김치박물관
		작성자	나이을

체험동기및목적

내 꿈은 세계적인 요리사가 되는 것이다. 유명한 요리사가 되어 우리 나라 음식을 알리는 거다. 그러려면 우리 나라 음식에 대해서도 잘 알아야 한다. 그래서 김치박물관에 가서 직접 김치를 만들어 보기로 했다.

사전학습

김치는 겨울 동안 채소 음식을 먹기 위해 만든 것이다. 겨울에는 채소가 안 나니까 조상들이 겨울이 오자마자 바로 김치를 담갔다. 이것이 김장이다. 김장을 담가 큰 항아리에 넣고, 그걸 다시 땅속에 묻었다. 땅속이 좀 따뜻하니까 얼지 말라고 그런 것이다.

체험계획

1. 박물관에 전화해서 김치체험교실을 예약한다.
2. 박물관에 전시되어 있는 것들을 보면서 공부한다.
3. 직접 김치를 만들어 본다.

•• 체험 내용과 결과

1 세상에, 우리 나라에 이렇게 많은 김치가?!

박물관에서 김치 모형을 보았다. 진짜랑 똑같아서 먹을 뻔했다. 지역마다 대표 김치가 달랐다. 이렇게 많은 김치가 있는 줄은 정말 몰랐다.

나박김치와 동치미

1. 평안도 김치 : 고추 양념이 거의 없는 허연 백김치
2. 함경도 김치 : 먹음직한 무를 통째로 담근 동치미
3. 황해도 김치 : '고수'라는 풀을 넣어 만든 고수김치
4. 개성 김치 : 가느다란 인삼을 넣은 나박김치. 이름은 수삼나박지
5. 전라도 김치 : 멸치젓을 많이 넣은 맵고 칼칼한 김치
6. 경상도 김치 : 파김치, 고구마순김치, 깻잎김치, 콩잎김치 등 별별 김치 총집합!
7. 동해안 김치 : 창난젓을 넣은 창난젓깍두기
8. 강원도 김치 : 더덕으로 만든 더덕김치
9. 여수 김치 : 갓김치
10. 충청 김치 : 가지김치랑 시금치김치

2 김치에 정성을 듬뿍 담아야~

1. 재료 준비 완료!

김치를 만들 땐 배추가 있어야 한다. 박물관에서 소금에 절인 배추를 줬다. 소금에 절이는 것이 시간이 걸리기 때문이다.

배추 속에 양념을 할 때 들어가는 무, 파, 양파, 미나리 등도 재료이다.

2. 미나리와 파를 3cm 정도 자르기, 무 채썰기

　처음으로 칼을 쓰는 거라 약간 무서웠다. 손을 벨 수도 있기 때문이다. 가늘게 썰어야 하는데 잘 안 됐다. 또 모양도 길쭉해야 하는데 네모였다가 세모였다가 그랬다.

김치 - 재료 썰기

3. 김치소 만들기

　큰 그릇에 둔 고춧가루 양념에 앞에서 썬 재료를 다 넣고 비벼서 김치소를 만든다.
　맛있나 보려고 몇 개 집어 먹어 봤는데 입에서 불이 났다. 그냥 먹으니까 매웠다.

4. 김치소 넣기

　배춧잎 사이사이에 김치소를 넣는다. 뿌리에만 넣어야 하는데 좀 어려웠다. 김치소가 들어갔다가 빠져 버리고 그랬다. 그런데 나중에 배추소가 모자라서 먼저 넣었던 것을 약간 빼서 넣었다.

김치 - 김치소 넣기

5. 배춧잎으로 감싸기

　김치소를 다 넣은 다음에는 그게 빠지지 말고 배추 속에 잘 있으라고 겉 배춧잎으로 잘 감싼다. 떨어진 배춧잎에 김치소를 넣어 먹어 보기도 했다.

6. 맛있게 냠냠~

　집에 가지고 가서 냉장고에 2~3일 넣어 두었다가 밥이랑 먹으면 된다.
　내가 만든 김치를 먹을 생각을 하니 맘이 아주 뿌듯했다.

●● 체험 후 새로 알게 된 점 ●●●●●●●●●●●●●●●●●●●●●●●

1. 김치 만들기는 재미있다.
2. 지역에 따라 대표 김치가 있다. 김치는 약 200종류가 있다.
3. 배추랑 무 말고, 호박, 가지, 죽순 등등 거의 모두 채소로 김치를 만든다.
4. 고춧가루가 안 들어간 하얀 김치도 있다는 걸 알게 되었다.
5. 김치 만들기는 많은 정성이 들어간다.

●● 체험 후 느낀 점 ●●●●●●●●●●●●●●●●●●●●●●●●●●●

    김치의 종류대로 모두 나중에 다 만들어 보고 싶다. 그래서 새롭게 발전시켜서 세계인이 모두 맛있게 먹을 수 있는 김치를 만들 것이다.
    또 어떤 음식을 먹든지 김치가 반찬으로 나올 수 있게 해야겠다. 피자를 먹을 때나 스파게티를 먹을 때도 나오게 말이다.

●● 더 알고 싶은 점 조사 ●●●●●●●●●●●●●●●●●●●●●●●●

    김치를 오래 보관할 수 있는 이유가 무엇인지 더 알고 싶어서 조사해 보았다. 시간을 이기는 김치의 비밀은 바로바로 소금! 김치를 담그기 전에 소금물에 절여 놓는데, 이 때문에 김치가 오래 보관되는 것이다. 소금은 배추 안에 있는 수분을 밖으로 내보내고 그 자리에 들어간다.
    김치처럼 소금에 절여진 음식들은 오래 보관된다.

5. 마음을 조용하게 다스리는 방법
템플 스테이

우리 마음 속에선 종종 시끄러운 소리가 나요. 짜증내는 소리, 화내는 소리, 걱정하는 소리. 이런 소리들이 나면 집중력이 떨어져서 책도 잘 안 읽히고, 공부도 못 하게 되지요.

이런 마음의 소리들을 다스리기 위해 절에서 하는 "템플 스테이 체험"을 해 봅니다.

체험주제	템플 스테이 – 마음 수련 체험	체험장소 봉림사

• • 체험내용과 느낀점

처음에 엄마가 "어린이 템플 스테이"를 신청했다고 해서 뭔가 했는데, 알고 보니 템플은 "절"이고 스테이는 "머물다" 라는 뜻이었다. 거기서 무얼 하냐고 여쭤보았더니 마음 공부를 한다고 했다.

마음 공부? 그런 공부는 처음 들어본다. 공부를 한다는 말에 갑자기 가기가 싫어졌다. 하지만 엄마는 절대 취소하지 않을 것이었다. 그래서 그냥 1박 2일이니까 내가 포기했다.

템플 스테이

절은 산 속에 있었다. 공기는 맑고 바람도 솔솔 불어서 여름인데 마구 덥지는 않았다. 또 조용했다. 먼저 대웅전이라고 하는 법당에 가서 부처님께 절하는 법을 배웠다. 손을 가슴에 모은 다음에 무릎을 꿇고 엎드릴 때 모았던 손은 귀 옆쪽 바닥에 내려놓고 깊숙이 절을 한다. 절을 세 번했다. 기도하는 것처럼 손을 가슴에 모으는 것을 "합장"이라고 한다고 선생님 스님이 말씀해 주셨다.

큰스님 말씀과 고기 반찬 없는 점심

그 다음 큰스님이 마음에 관한 이야기를 하셨는데 재미있었다. 오래 말씀할까 봐 걱정했는데 그러지 않아 다행이었다. 큰스님은 인자한 할아버지 같았다. 그런데 말씀을 많이 하셔서 그런지 목소리가 좀 쉰 것 같았다.

큰스님 이야기가 끝나고 점심을 먹었다. 스님이, "고기 반찬이 없죠? 절에서 고기를 먹지 않아요. 부처님이 살아 있는 동물을 죽이지 말라고 하셨어요." 고기가 없어도 맛있었다.

큰스님 말씀

생각을 버리는 마음 수련 시간

밥을 먹고 조금 쉬고 스님들이 수련하는 집 같은 데를 갔다.

"오래 앉아 있을 거니까 아무데나 원하는 곳에 앉으세요. 벽쪽으로 앉아도 되고 서로 나란히 앉거나 마주 보고 앉아도 돼요."

나는 친구 없이 혼자 와서 벽쪽을 보고 앉았다. 스님이 양반다리를 하라고 하셨다. 그리고 눈을 반쯤 감고, 그러니까 코끝을 보면서 생각을 하나씩 버리라고 하셨다. 그런데 그 말씀을 들으니까 생각이 더 많이 나왔다. 또 오래 있으니까 졸리기도 했다. 그럴 때마다 스님이 왔다갔다 하시면서 대나무 막대기 같은 것으로 어깨를 치셨다. 그 막대기는 죽비이다. 소리가 무척 커서 정신이 번쩍 들었다. 나도 맞을까 봐 조금 무서웠다.

그런데 깜빡 졸고 말았다. 그때 갑자기 죽비 소리가 아주 크게 들렸다. 나는 깜짝 놀라 잠에서 깼다. 알고 보니 내 어깨를 때린 것이었다. 그런데 사실 별로 아프지 않았다. 그냥 소리만 큰 것이었다.

명상이 다 끝났을 때 마음이 좀 홀가분해진 것 같았다.

마음 수련 시간

6 | 도자기에 어떻게 영혼을 담을 수 있을까
도자기 체험

우리 나라 대표 문화유산 중에는 고려청자와 조선백자가 있어요. 둘 다 아름다운 자태와 빛깔로 세계인의 찬탄을 받고 있지요. 특히 고려청자는 상감기법이라고 하는 무늬 새기기 기술이 일품이에요.
그러면 이러한 우리 민족의 혼이 담긴 도자기를 직접 만들어 봅니다.

| 체험 주제 | 영혼을 담은 도자기 체험 | 체험장소 해강도자미술관 |

• 체험 내용과 느낀 점

지난 번 국립중앙박물관에 갔을 때 도자기를 보면서 이모가 그랬다. 우리 나라 도자기는 왼쪽과 오른쪽이 정확히 맞지 않고 약간 찌그러져 있는데, 이걸 보고 외국 사람들이 엄청 놀라워한다고 말이다. 왜냐하면 그러면서도 균형 감각이 있고, 찌그러진 모습이 오히려 더 자연스럽고 조화롭게 느껴지기 때문이다. 너무 딱 맞으면 딱딱하고 기계가 만든 느낌이 들기 때문에 싫어한다고 했다. 그래서 이번엔 직접 도자기를 만들어 보기 위해 도자기 체험관으로 가 보았다. 바로 해강도자미술관.

이 미술관은 도자기 마을로 유명한 경기도 이천에 있다. 이천 흙이 도자기를 만드는 데 제일 좋다고 이모가 이야기해 주었다. "해강"이라는 이름은 이 미술관을 세운 윤근형이라는 할아버지의 호이다. 할아버지는 청자의 아름다운 색깔을 혼자 연구해서 알아냈다고 한다. 그래서 나중엔 무형 문화재가 되셨다. 그런데 지금은 돌아가셨다.

고려청자와 조선백자

도자기 만들기

도자기를 만들기 위해 미술관 옆에 있는 비닐하우스 안으로 들어갔다. 긴 책상이 길게 이어져 있었는데, 어린이들도 있고 어른들도 있었다. 책상 위에는 흙덩어리가 있었다.

❶ 먼저 흙을 주무른다. 부드럽게 반죽을 하는 것이다. 선생님이 흙을 다룰 때는 조심히 아기를 다루는 것처럼 해야 한다고 하셨다. 나는 아주 조심스럽게 흙을 주물렀다.

도자기 - 반죽하기

도자기 - 모양 만들기

도자기 - 무늬 새기기

❷ 컵이나 그릇 모양을 만든다. 사각형 모양을 만들까, 둥근 모양을 만들까 고민했다. 또 납작한 접시 같은 그릇을 만들까, 컵을 만들까, 아니면 꽃병 같은 걸 만들까 여러 가지 생각이 났다. 이모는 예쁜 머그잔을 만들겠다고 했다. 나는 접시랑 찻숟가락을 만들었다.

❸ 바닥에 무늬를 새긴다. 산과 바다, 태양과 달을 모두 그렸다. 그때 선생님이 우리 쪽으로 오셨다. 내 접시를 보고는,
"잘 만들었네. 그런데 여기 좀 울룩불룩 튀어나온 거 보여요? 이거 살짝 눌러서 문지르면 더 부드러워질 거예요."
선생님 칭찬을 받으니까 어깨가 으쓱거려졌다. 좀 다듬은 다음 선생님께 냈다. 미술관에서 유약도 바르고 구워서 2주일 정도 후에 집으로 보내 준다고 했다.

내가 만든 도자기

내가 만든 도자기 공개!

짜잔! 이게 바로 나의 영혼이 담겨 있는 도자기이다.
아무리 봐도 너무 잘 만든 것 같다.

7. 은은한 빛깔의 우리 종이 한지 만들기 체험

우리 나라 종이를 한지라고 하는데, 닥나무로 만듭니다. 속이 비칠 정도로 얇고 가볍지만 질기고 물에 젖었을 때는 빨리 마른다는 장점도 있어요. 옛날 조상들은 한지에 서예도 쓰고 그림도 그렸어요.
요즘에는 인형이나 부채, 작은 함 같은 것을 만들지요. 한지를 직접 만들어 봅니다.

| 체험 주제 | 은은한 빛깔의 한지 만들기 체험 | 체험장소 안동 전통한지 |

체험 내용과 느낀점

안동하회마을에 갔다가 집으로 가는 길에 한지 체험관에 들렀다. 거기서 한지를 직접 만들 수 있다고 했기 때문이다.

한지를 만들기 전에 안내원 아저씨가 먼저 한지 만드는 과정을 설명해 주셨다. 그냥 말로만 설명한 것이 아니라 닥나무 껍질부터 다 보여 주셨다.

껍질이 천장까지 잔뜩 쌓여 있었다. 닥나무 가지를 모아서 가마솥에 넣어 10시간 정도 삶으면 껍질이 잘 벗겨지는데, 그 껍질들을 말려서 쌓아 둔다.

그 다음에는 이 껍질들을 물속에 넣어 불린 다음에 칼로 나무색깔의 겉껍질을 살살 없앤다. 그럼 하얀 껍질이 된다. 이걸 다시 7시간 정도 솥에 넣어 삶는다. 이제 껍질은 점점 더 연해지고 색도 하얘진다.

그런데 더 하얗게 하기 위해 맑은 물에 헹구고 햇빛도 쏘여 준다.

닥나무 가지 자르기

닥나무 껍질 하얗게 하기

또 혹시 눈에 띄는 먼지 같은 것이 있으면 일일이 찾아내어 다 없앤다.

그 다음 아주 하얗고 깨끗해지고 물러진 닥나무 껍질 덩이를 돌판 위에 올려놓는다. 그 모양이 꼭 눌린 밥처럼 생겼다. 이제 이걸 어떻게 할까? 납작하게 눌러서 종이를 만드는 걸까? 이렇게 막 생각하는 순간 아저씨가 나무방망이로 덩어리 위를 세게 두들겼다. 그 이유는 닥나무를 더욱 뭉개고 부드럽게 하기 위해서라고 했다. 밥 같던 닥나무 껍질 덩어리가 점점 죽이 되어가고 있었다.

닥나무 덩어리 방망이질

한지 뜨고 만들기!

이제 제일 중요한 걸 할 차례이다. 바로 한지 뜨기! 여기서부터는 각자가 해 보는 것이다. 나랑 우리 가족 모두 아주 얇게 풀어헤쳐진 닥죽통에 한지를 뜨는 판 같은 걸 넣어 그 닥죽을 떴다. 선생님이 닥죽이 골고루 잘 펴져야 종이의 질이 좋다고 하셨다. 닥죽을 떠서 살살 흔들었다. 그러니까 뭔가 하얀 것들이 계속 판 위에 얇고 평평하게 남았다.

한지 뜨기

판에 있는 물기를 조금 뺀 다음 압축기를 눌러서 완전히 빼고 그 다음 마지막으로 종이를 판에서 뺀 다음에 열판에 붙여서 건조시키면 완성~ 이 한지는 이제 내 보물 1호이다.

다음에는 한지로 닥종이 인형을 만들어 봐야겠다. 그건 좀 많이 어려울 것 같은데, 거기에도 가르쳐 주시는 선생님이 있을 테니까 설명을 잘 듣고 만들면 분명 문제없을 것이다.

한지 완성

8. 예의바른 어린이는 너무 힘들어
청학동 서당 체험

옛날 어린이들은 서당에서 공부를 했어요. 한자 공부와 예절 공부를 많이 했는데, 요즘 어린이들에게도 꼭 필요한 공부예요. 청학동 서당을 찾아가 옛날 어린이들처럼 한자 공부도 하고 예의 범절도 익혀 봅니다.

| 체험 주제 | 예의바른 어린이 되기 체험 | 체험장소: 지리산 청학동 |

체험 내용과 느낀점

지리산 청학동 서당에서 하는 어린이 예절 캠프에 다녀왔다. 1주일 동안 있었는데, 좀 힘들었다. 마음대로 못 하는 것이 힘들었지만, 재미도 있었다.

서당에서의 오전 시간

아침에 일어나면 산책을 갔다. 처음엔 산책을 가는 게 정말 싫었다. 졸려서였다. 그런데 매일 하니까 괜찮은 것 같기도 했다. 산책을 마치고는 체조를 했는데, 그때는 잠이 다 깼다.

아침밥을 먹고 한자 공부를 했다. 매일 했다. 사자소학을 배웠다. 훈장님이 가르쳐 주셨다. 훈장님은 한복을 입고 계셨다. 서당에 있는 선생님들은 다 한복을 입었다. 훈장님이 사자소학을 외우라고 하셨다. 훈장님이 읽으면 우리들이 따라 읽었다. 또 쓰기 연습도 했다.

훈장님은 설명을 재미있게 하셨다.

서당-훈장님 한자 시간

처음에는 좀 무서웠지만, 웃긴 얘기도 잘해서 조금은 좋았다. 훈장님은 부모님께 효도하는 것이 제일 중요하고, 어른들께 인사를 잘하고 존댓말을 써야 한다고 하셨다.

지금 생각나는 것은 처음에 배운 "부생아신, 모국아신"이다. 노래처럼 입에서 절로 나온다. 그때 내가 집중을 해서 공부했기 때문에 기억에 잘 남는 것 같다. 그걸 한자로

서당 - 절하는 법 익히기

쓰면 "父生我身, 母鞠我身". 이걸 쓰는 건 정말 어려웠다. 그런데 훈장님이 쓰는 순서를 하나씩 가르쳐 주어서 나중에는 그 순서를 외우니까 조금 잘 써졌다. 이 말의 뜻은 "아버지 내 몸을 낳으시고, 어머니 내 몸을 기르시니"이다. 엄마, 아빠가 나를 낳고 길렀기 때문에 효도를 열심히 해야 한다는 뜻이다.

한자 공부가 끝나고 어떤 날은 절하는 법이랑 인사법을 배웠고, 또 어떤 날은 판소리를 배웠다. 절하는 법이 이렇게 다 정해져 있으니까 조금 귀찮았다. 꼭 그렇게만 절을 해야 하니까 말이다.

서당 - 활쏘기 체험

서당에서의 오후 시간

점심을 먹은 다음에는 여러 가지 체험을 했다. 매일 다른 체험을 했는데, 재미있는 것도 있고 재미없는 것도 있었다.

활쏘기는 재미있었다. 처음에는 화살이 잘 안 날아갔는데, 자꾸 하니까 힘이 생겨서 잘 날아가고, 또 명중도 되었다. 인절미를 만드는 것도 재미있었다. 책에서 본 것처럼 나무망치로 떡치기를 했다.

떠나는 날이 되니까 엄마, 아빠를 볼 생각에 기분이 좋기도 하고, 훈장님이랑 우리 반 친구들, 동생들, 형들이랑 헤어지니까 슬프기도 했다. 정이 들어서이다. 훈장님 말씀처럼 서당에서 배운 생활습관도 잘 지키고 예의도 바른 어린이가 되겠다고 다짐했다.

2

곤충학자가 될까,
천문학자가 될까?
관찰기록문 쓰기

1. 지렁이 똥은 어떻게 생겼을까? 지렁이 키우기

지렁이가 땅을 살린다는 사실, 알고 있나요? 지렁이가 싼 똥이 땅을 살리는 좋은 거름이 된다고 해요. 그래서 요즘에는 집에서 지렁이를 키우는 사람들이 많아요. 지렁이가 싼 똥, 즉 분변토로 식물을 키우는 거지요. 지렁이를 키우면서 지렁이 똥을 관찰해 봅니다.

관찰 주제	지렁이 똥은 어떻게 생겼을까?	관찰기간 8/2 ~ 8/12 작성자 | 정원빈

관찰하게 된 동기

옆집에 사는 친구 경록이가 지렁이를 키우는데, 그 이유는 지렁이 똥이 거름이 되기 때문이라고 했다. 그 말을 듣고 지렁이 똥이 어떻게 생겼는지 궁금하고, 또 지렁이가 어디에 언제 똥을 싸는지도 알고 싶어서 지렁이를 키우면서 직접 관찰해 보기로 했다.

관찰을 통하여 알고 싶은 점

1. 지렁이의 똥은 어떻게 생겼을까?
2. 지렁이 똥은 어떤 냄새가 날까?
3. 지렁이 몸의 특별한 점은 무엇일까?

실험 및 관찰 방법

1. 경록이한테 지렁이 5마리가 든 상자를 받는다.
2. 지렁이에게 음식물 쓰레기를 먹이로 준다.
3. 3~4일에 한 번씩 상자를 관찰하고, 다른 점이 있으면 내용을 기록한다.
4. 지렁이가 싼 똥을 자세히 관찰한다.

관찰내용

일시	관찰 내용

7/24 수박껍질을 상자 속에 묻다!

경록이가 준 지렁이 상자에 수박껍질을 넣었다. 지렁이를 보려고 했는데, 내가 상자를 열자 도망가버렸다. 아마 빛을 싫어하기 때문일 것이다. 다음에 먹이를 줄 때는 약간 어두운 곳에서 주어야겠다.

수박껍질은 구덩이를 살짝 파고 묻어 두어야 한다고 해서 그렇게 했다. 수박껍질을 준 이유는 지렁이는 고기는 안 먹고 야채나 과일 같은 채식을 한다고 했기 때문이다.

지렁이 상자 속 수박껍질

8/1 약간 상한 음식을 좋아하는 지렁이들

그 동안 보고 싶은 마음을 꾹 참고 오늘 살짝 열어 보았다. 지렁이가 적응해야 하기 때문에 자주 열어보면 죽을 수도 있다고 경록이가 얘기해 주었기 때문이다.

수박껍질을 찾아내서 보니 약간 먹은 것 같았다. 흰 부분이 좀 없어졌고, 똥 같은 게 묻어 있었다. 하지만 생각보다 많이 먹지는 않았다.

지렁이는 싱싱한 음식보다 약간 상한 음식을 먹는 것 같다. 만약 싱싱한 음식을 좋아한다면 그 날 바로 먹었을 테니까 말이다. 경록이한테 물어보니 그렇다고 했다. 그래서 오늘은 음식물 쓰레기 중에서 상추를 골라 또 약간 묻어 주었다.

지렁이가 수박껍질을 조금 먹은 흔적

일시	관찰 내용

8/5 짝짓기하는 지렁이 관찰!

오늘은 무척 운이 좋은 날이다. 혹시나 해서 상자를 열어보니까 지렁이 두 마리가 짝짓기를 하고 있었다. 정말 신기했다.

지렁이는 한 몸에 암놈과 수놈이 모두 있다. 하지만 같은 위치에 있지 않다. 그래서 다른 지렁이와 거꾸로 결합해야 짝짓기가 된다.

짝짓기하는 지렁이

짝짓기를 할 때는 서로의 환대 속으로 들어간다. 환대 안에서 알이 만들어지기 때문이다. 환대는 지렁이 몸에 마치 벨트처럼 있는 둥근 대이다. 지렁이는 짝짓기를 하는 데 8시간 이상이 걸린다고 한다. 나는 한 5분 정도만 보고 상자 문을 닫았다. 더 보고싶었지만 그러면 스트레스를 받아서 죽을지도 모르기 때문이다.

8/12 지렁이 똥 드디어 관찰!

지렁이가 그 동안 똥을 많이 누었다. 지렁이 똥은 아주 작은 알갱이가 여러개 뭉쳐 있는 것처럼 보였다.

색깔은 약간 초록색이다. 그 이유는 내가 채소를 음식으로 주었기 때문이다. 책에서 보니 흙을 먹으면 그냥 흙색과 거의 비슷한 색깔의 똥을 싼다고 한다. 대신 좀 진한 흙색이다.

지렁이 분변토

지렁이 똥 알갱이는 뭉쳐 있기는 하지만 약간 부풀어 오른 느낌이다. 그 이유는 그 안에 공기구멍이 있기 때문이다. 만져 보면 약간 부슬부슬한 느낌이다.

● ● 관찰 결과 및 알게 된 점 ● ● ●

1. 지렁이의 똥은 어떻게 생겼을까?

지렁이의 똥은 동글동글한 알갱이가 뭉쳐서 늘어져 있는 모양이다. 생강이 여러 개 겹쳐 있는 것 같다. 약간 부풀어 오른 느낌도 있다. 그 이유는 그 안에 공기구멍이 있기 때문이다. 색깔은 약간 초록빛이 난다.

2. 지렁이 똥은 어떤 냄새가 날까?

지렁이 똥은 거의 냄새가 나지 않는다. 그 이유는 채소를 주로 먹기 때문이다. 사람은 고기를 먹어서 똥냄새가 심한 거다. 고기는 몸속에서 분해될 때 냄새가 독한 "암모니아"라는 물질이 함께 나온다.

3. 지렁이는 어떻게 생겼을까?

지렁이는 몸이 길고 여러 개의 마디가 나 있다. 이 마디들을 환절이라고 한다. 그리고 환대가 있다.

몸은 약간 축축하다. 다리는 없고 기어다닌다. 눈과 귀는 없다.

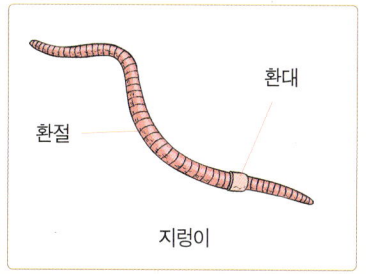

● ● 관찰 후 느낀 점 ● ● ●

지렁이를 평소에는 징그럽다고 생각했다. 사실 처음에 경록이한테 받았을 때도 징그러운 느낌이었다. 그런데 한번 관찰하기로 하니까 매일매일 보고 싶었다. 하지만 죽을지도 몰라서 꾹 참고 3~4일에 한 번씩만 살짝 보았다. 만약 내가 그걸 어기고 매일 보고 오래 보았으면 정말 죽었을지도 모른다.

경록이도 처음에 키울 때는 자꾸 봐서 많이 죽었다고 했다. 꾹 참고 처음에 마음먹은 대로 관찰한 내가 정말 기특하다.

2   공중곡예의 달인 거미, 어떻게 거미줄을 칠까?

거미집을 본 적이 있지요? 거미집은 거미 꽁무니에서 나오는 줄로 만들어져 있어요. 거미는 어떻게 높은 곳이나 공중에 집을 지을 수 있는 걸까요? 거꾸로 매달려 집을 짓는 거미를 보면 신기하기도 하고 아찔하기도 하지요. 거미가 줄을 쳐서 집을 짓는 모습을 천천히 관찰해 봅니다.

관찰 주제	거미는 어떻게 거미줄을 칠까?	관찰한 날	8/2
		관찰 장소	지하철역 플랫폼

관찰 내용 및 느낀 점

3호선 삼송역에서 전철을 기다릴 때였다. 여기저기 둘러보는데, 창가 쪽에 큰 화분이 있었다. 가짜 나무인가 진짜 나무인가 보려 가까이 다가갔는데, 나무에 거미가 앉아 있는 것이 보였다. 잠깐 보고 고개를 돌리려는데 순간 뭔가 반짝거렸다. 자세히 보니 거미줄을 치는 것이었다. 줄 몇 개가 나뭇가지에 걸려 있었다.

'야호! 거미가 집을 지으려고 하나 보네!'

나는 속으로 외쳤다. 거미가 집을 짓는 건 본 적이 없기 때문이다. 예전에 <파브르 곤충기>에서 한번 읽은 적은 있다. 파브르가 어느 날 거미가 꽁무니에서 줄을 빼 집을 짓는 걸 보게 되었는데, 몇 시간이 지나도 집을 안 짓는 것이었다. 왜냐 하면 거미가 뽑아낸 줄이 나뭇가지에 걸려야 하는데, 바람이 불지 않아 그냥 줄을 뽑은 채 공중에 매달려 있었다고 한다. 그래서 파브르가 손인지 입으로 바람을 일으켜 줄이 나뭇가지에 걸리도록 해 주었다. 그랬더니 그 다음부터 거미가 줄을 척척 쳤다.

나도 만약 거미가 거미줄 치는 것이 어려우면 파브르처럼 도와줘야겠다고 생각했다. 그런데 내 눈앞에 있는 거미는 내 도움이 하나도 필요하지 않았다. 이미 기본이 되는 테두리 줄을 다 쳐 놓은 것 같았다. 세로줄도 몇 개 쳐 있었다.

거미가 움직이기 시작했다. 꽁무니에서는 줄이 나왔다. 그 줄은 투명했다. 사실 그 줄은 실이 아니라 액체이다. 꽁무니에서 액체를 만들어 밖으로 내보내면 그게 공기와 만나서 실처럼 굳어지는 거라고 한다.

거미가 이렇게 세로줄을 여러 개 만들고 난 다음에는 가로줄을 만들기 시작했다. 세로줄만 밟고 다니면서 세로줄과 세로줄 사이에 가로줄을 뽑아 놓았다. 세로줄만 밟고 다니는 이유는 세로줄은 끈적끈적하지 않기 때문이다. 만약 가로줄을 밟게 되면 거미도 다른 먹이처럼 거미줄에 걸려 꼼짝하지 못한다. 그런데 그럴 걱정이 없다. 왜냐하면 거미는 태어날 때부터 이미 세로줄을 밟고 다녀야 한다는 걸 알기 때문이다.

거미줄 치는 거미

거미가 줄을 치는 모습을 계속 보다 보니 나도 거미인간이 되고 싶다는 생각이 들었다. 스파이더맨처럼 말이다. 스파이더맨은 손에서 거미줄이 나오고 그 거미줄을 이용해서 날아다니기도 하고 사람도 구한다. 거미줄이 있으면 정말 쓸모가 많을 것 같다.

3. 우리 동네 약수터 식물들, 식물들의 잎차례 관찰

식물은 보통 뿌리, 줄기, 잎으로 이루어져 있어요. 이 중에서 하나를 골라 아주 자세하게 관찰해 봅니다.
예를 들어 잎만 보더라도 잎맥의 모양이 다 달라요. 또 잎이 나는 방식도 다르고요.
동네 공원이나 약수터, 놀이터를 찾아가 직접 관찰해 봅니다.

| 관찰 주제 | 식물들의 잎은 어떤 모양으로 날까? | 관찰한 날 | 8/4 |
| | | 관찰 장소 | 우리 동네 약수터 |

● 관찰내용 및 느낀점

우리 동네에는 약수터가 있다. 그곳에는 나무랑 풀들이 꽤 많은 편이다. 오늘은 시간을 내어 그곳 식물들을 관찰해 보았다.

식물은 모두 잎을 가지고 있는데, 그 모양이 조금씩 다르다. 강아지풀 같이 속이 빈 대 위에 잎이 나 있는 것은 세로로 길게 줄이 가 있다. 잔디도 그랬다. 이런 잎은 나란히맥이다.

또 한 가지 모양은 줄이 거미줄처럼 세로, 가로, 대각선으로 복잡하게 나 있는 모양이다. 약수터 근처에 있는 나뭇잎이 대부분 이렇게 생겼다. 잎이 좀 넓적하다. 그물맥이다. 우리가 먹는 배추잎, 깻잎, 사과나무의 잎, 민들레, 질경이, 찔레꽃, 목련 잎이 그물맥이다.

은행잎은 나란히맥처럼 세로줄이 길게 나 있는데, 양옆으로 갈라져 있다. 이런 잎을 차상맥이라고 한다.

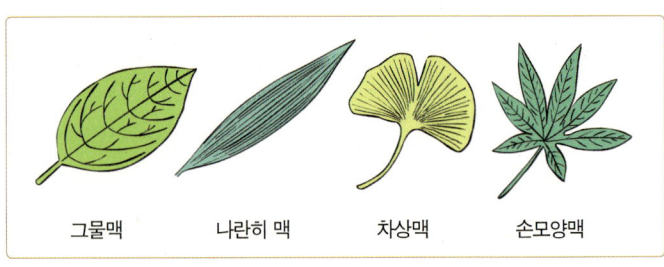

그물맥 / 나란히맥 / 차상맥 / 손모양맥

또 단풍잎은 그물맥이랑 줄의 모양은 비슷하지만 손바닥 모양이다. 손모양맥이라고 한다.

이번엔 식물의 잎이 나는 모양을 살펴보았다. 줄기가 있으면 양 옆으로 차례대로 잎이 나는 줄 알았는데, 자세히 보니 잎이 달려 있는 모양들이 다 달랐다.

마주나기는 줄기의 마디마다 잎이 두 장씩 마주보고 나 있는 모양이다. 사철나무, 패랭이꽃이 있다.

어긋나기는 줄기의 마디 한 개에 잎이 한 장씩 붙어 있는 모양이다. 무궁화, 금잔화, 나팔꽃, 벚꽃이 있다.

돌려나기는 마디 한 개에 잎이 세 장씩 돌려서 나 있는 모양이다. 냉초, 돌나무, 쇠뜨기 풀이 있다.

마주나기 - 사철나무 잎

어긋나기 - 무궁화 잎

돌려나기 - 냉초 잎

뭉쳐나기 - 은행나무 잎

뭉쳐나기는 여러 장의 잎이 짧은 줄기에 뭉쳐 나 있는 모양이다. 은행나무, 소나무, 질경이, 민들레가 있다. 이 중 질경이와 민들레는 잎이 뿌리에서 뭉쳐 나와 있다.

식물의 잎차례가 다른 까닭

관찰을 마치고 집으로 돌아오면서 궁금한 점이 생겼다. 왜 이렇게 잎 모양도 다르고 잎이 줄기에 붙어 있는 모양도 다른 걸까?

식물도감 책을 보았더니, 먼저 식물의 잎이 줄기에 붙어 있는 모양을 잎차례라고 하는데, 그 모양이 다른 이유는 햇빛을 골고루 받기 위해서라고 한다. 신기하게도 잎차례가 어떤 모양이든 위에서 내려다보면 모든 잎들이 햇빛을 골고루 받도록 나 있다.

4. 쑥쑥 자라는 기쁨, 아기 장수풍뎅이의 성장 관찰

요즘엔 장수풍뎅이를 기르는 어린이들이 부쩍 많아졌어요.
장수풍뎅이 애벌레는 축축한 톱밥만 있으면 잘 자라는 편이에요. 장수풍뎅이 애벌레가 성충이 되려면 약 1년 정도가 걸린답니다. 꾹 참고 기다리면서 정성을 들이면 한 곤충의 성장과정을 생생하게 관찰할 수 있을 거예요.

관찰 주제	아기 장수풍뎅이의 성장 관찰	관찰기간 7/27 ~ 8/13
		작성자 │ 선우 민

관찰하게 된 동기

공룡 체험전에 갔다가 어린이들한테 공짜로 주는 장수풍뎅이 알이 든 상자를 받아왔다. 상자 안에는 약간 검은 듯한 축축한 톱밥이 있었고, 알은 잘 보이지 않았다. 상자 안에 정말 알이 있는지 궁금하기도 하고, 애벌레가 어떻게 생겼는지도 알아보고 싶어서 관찰해 보기로 하였다.

관찰을 통하여 알고 싶은 점

1. 장수풍뎅이의 알도 모습이 변할까?
2. 장수풍뎅이 애벌레는 어떻게 생겼을까?
3. 장수풍뎅이 애벌레는 암컷과 수컷이 다를까?

실험 및 관찰 방법

1. 장수풍뎅이 상자를 뒤집어 안에 있는 톱밥을 신문지 위에 쏟는다.
2. 톱밥 속에서 알을 찾아 다시 투명한 유리통 안에 넣는데, 톱밥 안에 구멍을 파서 그 안에 알을 넣는다.
3. 알이 변하는 모습을 관찰한다.

• • 관찰내용

일시	관찰 내용

7/27 장수풍뎅이의 알 관찰

톱밥을 쏟아서 알을 찾아보니 모두 5개가 있었다. 알은 아주 작았고, 하얀 색깔이었다. 그리고 모양은 타원형이었다. 쌀알갱이 같았다. 갓 태어난 알이라는 걸 알 수 있었다.

그런데 색이 누르스름한 알도 1개 있었는데 책에서 찾아보니 썩은 알이라고 한다.

장수풍뎅이 알

7/31 약간 커진 둥근 알

알이 부풀었다. 이제는 둥근 모양이 되었다. 3개는 여전히 하얀 색인데, 2개는 약간 달걀 껍질 같은 색이다. 또 알이 썩었나 하고 책을 찾아보니 그냥 색깔만 그런 거라고 했다. 그런데 그 이유는 모른다고 나와 있었다. 모른다고 나와 있으니까 더 궁금했다.

둥글고 부푼 알

8/4 알 속 애벌레 관찰!

알 속에 뭐가 비치는 것 같아 자세히 보았더니... 세상에 애벌레가 웅크려 있었다. 진짜 너무 신기했다. 마치 엄마 뱃속에 있는 아기 모습 같았다. 징그럽다는 생각보다 귀엽다는 생각이 들었다. 내일이나 모레쯤이면 애벌레가 나올 것 같다.

알 속 애벌레

일시	관찰 내용
8/6	알을 깨고 나온 애벌레

밤 사이에 애벌레가 한 마리 나왔다. 모습을 관찰하니 머리 쪽이 약간 주황색이었다. 아직 몸을 웅크리고 있었다. 작았다. 나는 아직 깨지 않은 알들을 보았다. 혹시 알이 깨어져 애벌레가 나올까 하고 말이다.

20분 쯤 지났을까? 한 알이 약간 꿈틀거렸다. 난 숨이 멎는 것 같았다. 눈을 아주 동그랗게 뜨고 그걸 계속 뚫어져라 보았다.

애벌레

그랬더니 그 안에서 애벌레가 고개를 쏙 내밀었다. 정말 신기했다. 약간 끈적한 즙 같은 것이 몸에 좀 묻어 있었다. 몸은 투명하고 반질거렸다. 머리색은 하얀색이었다. 시간이 지나면 주황색으로 변한다고 책에 나와 있었다.

8/13	암컷 애벌레와 수컷 애벌레

장수풍뎅이 애벌레가 다 나와서 쑥쑥 잘 자라고 있다. 머리 색깔은 이제 거의 갈색이고 몸도 통통해졌다.

오늘은 꺼내서 암컷과 수컷을 찾아보았다. 암컷이 3개 수컷이 1개였다. 몸이 큰 애벌레가 바로 수컷이었다.

애벌레의 배를 보았다. 정말 수컷의 배를 보니까 꽁무니 두 번째 마디에 'V자'가 새겨져 있었다. 이게 잘 안 보이면 암컷이라고 한다.

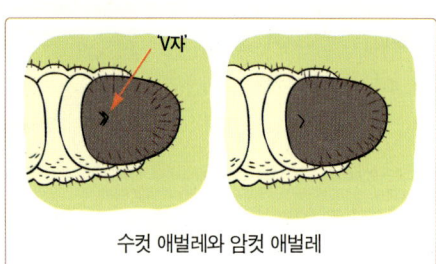
수컷 애벌레와 암컷 애벌레

관찰 결과 및 알게 된 점

1. 장수풍뎅이의 알도 자랄까?

　장수풍뎅이 알은 자란다. 처음에는 쌀알 크기의 타원형인데, 시간이 지날수록 동그랗게 부푼다. 크기는 2~3mm. 부화기간은 10일.

2. 장수풍뎅이 애벌레는 어떻게 생겼을까?

　장수풍뎅이 애벌레는 길고 마디가 나 있고 머리에 턱이 있다. 기문은 숨 쉬는 곳이고, 양옆으로 9쌍, 총 18개가 있다. 턱은 먹이를 잘게 부수는 일을 한다.

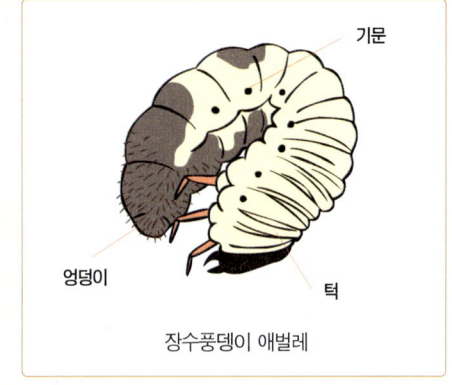
장수풍뎅이 애벌레

3. 장수풍뎅이 애벌레는 암컷과 수컷이 어떻게 다를까?

　장수풍뎅이 애벌레의 암컷과 수컷은 구별이 어렵다. 크기만 보면 수컷이 큰 편인데 정확하게 알려면 꽁무니(엉덩이)를 살펴보아야 한다. 꽁무니 두 번째 마디에 V자가 잘 보이는 것이 수컷이다.

관찰 후 느낀 점

　곤충을 이렇게 자세히 관찰하고, 또 자라는 모습을 본 적이 없다. 특히 알과 애벌레를 본 적은 처음이다. 애벌레가 징그러워 관찰을 못 하게 되면 어떡할지 걱정이 되었는데, 자꾸 보고 하다 보니 그냥 보게 되었다. 귀엽다는 생각도 들었다. 이 애벌레들이 잘 자라서 빨리 장수풍뎅이가 되었으면 좋겠다.

5. 별별 무슨 별? 여름밤 별자리 관찰

맑은 여름 밤하늘은 별을 관찰하기에 아주 좋아요. 금방이라도 쏟아질 듯한 별들 속에서 운이 좋은 별똥별을 볼 수도 있고, 종종 은하수도 볼 수 있어요.
견우와 직녀의 아름답고도 슬픈 이야기를 떠올리면서 여름철 별자리를 관찰해 봅니다.

관찰 주제	여름밤 별자리 관찰	관찰한 날	8/14
		관찰 장소	가평 천문대

● ● 관찰 내용 및 느낀 점

여름에는 우리 나라 하늘에서 어떤 별들을 볼 수 있을까? 직접 별자리를 관찰해 보면 잘 알 수 있을 거라 생각했다. 그래서 천문대로 갔다. 그냥 눈으로 보면 자세히 볼 수 없기 때문에 천문대로 정한 것이다. 거기서 천체망원경으로 하늘을 보면 별이랑 별자리의 모양을 좀 더 정확히 알 수 있을 것 같았다.

천문대에서 저녁을 먹고 7시에 별과 별자리에 대한 영화같은 것을 보았다. 별의 모양이랑 이름이랑, 또 그 별자리에 얽힌 이야기들이 나왔다. 엄청 재미있지는 않았지만 그렇다고 재미없지도 않았다. 별과 별자리에 대해 알게 되어서 도움이 되었다. 여름철 별자리의 대표는 거문고자리, 독수리자리, 백조자리라고 하였다. 그렇게 연결해서 별들 위에 그림을 그리니까 정말 독수리, 백조처럼 보였다.

8시가 되자 천체망원경으로 직접 하늘을 보았다. 천문 돔에 올라가서 보았다. 하늘이 아주 가깝게 느껴졌다. 별이 또렷하게 보였다.

천체망원경

먼저 직녀성 찾기

하늘을 보니 밝은 별 몇 개가 눈에 띄었다. 그 중 내 머리 바로 위에 떠 있는 것처럼 느껴지는 별이 있었다. 바로 직녀성이었다. 직녀성은 거문고자리의 별이다. 거문고자리는 약간 찌그러진 사각형처럼 생겼다. 직녀성 옆에는 은하수가 흐르고 있었다.

여름철의 별자리

은하수 건너편에 있는 견우성

은하수 건너편에 있는 밝은 별은 견우성이었다. 견우성은 독수리자리에 있는 별이다. 독수리자리는 그렇게 이름을 부르고 나니까 독수리가 날아가는 것 같기도 했다. 그러면 견우성은 독수리 꼬리 쪽에 있는 별이 된다.

'여름철의 대삼각형' 관찰!

견우성과 직녀성 사이, 그러니까 은하수 한 가운데 십자가 모양의 별자리가 보였는데, 바로 백조자리였다. 그 별자리에서 가장 밝은 별은 데네브이다. 역시 꼬리 쪽에 있는 별이다.

여기서 직녀성, 견우성, 데네브를 눈으로 이어 보았다. 그랬더니 정말 삼각형 모양이 되었다. 이것을 "여름철의 대삼각형"이라고 부른다고 한다. 이 세 별만 찾으면 여름철 다른 별들을 금세 찾을 수 있다고 한다.

여름철의 대삼각형

하늘과 별 이야기

이렇게 별들을 보다 보니 하늘이 이야기 나라인 것 같다는 생각이 들었다. 견우와 직녀 이야기도 있고, 헤라클레스 이야기도 있고, 궁수 이야기도 있다. 정말 사람이나 동물이 죽어서 별이 된 걸까? 별에 대해 나중에 더 많이 공부하고 싶다.

6

강아지의 똥 누는 습관 잡기
동이의 우리 집 적응기

우리 인간의 영원한 동물 친구, 바로 개입니다. 애완동물로 강아지를 키우는 집도 많고, 시골에 가면 집을 지키는 백구, 황구, 흑구도 많아요.
집에서 강아지를 기르고 있다면 어떤 행동들을 하는지 관찰해 봅니다.

관찰 주제	강아지 적응 관찰기	관찰한 날 7/21 ~ 7/31
		관찰 장소 **우리 집**

● ● 관찰내용 및 느낀점

7월 21일 귀여운 강아지 한 마리가 우리 집에 왔다. 우리 가족은 먼저 이름을 지어 주었다. 강아지의 이름은 "동이". 귀염둥이에서 "둥이"를 따고, 둥이를 다시 부드럽게 "동이"로 바꾼 것이다.
　첫 날이라 그런지 동이는 엄마 품속에 가만히 안겨 있다. 눈도 제대로 뜨지 않은 채 엄마가 젖병에 우유를 담아 주자 쪽쪽 빨아 먹었다. 눈은 여전히 반쯤 감은 채이다. 동이야, 우리 사이좋게 지내보자!

우유 먹는 강아지

7월 22일 동이가 자기 집 안에서 꿈쩍않고 있다. 걸을 수는 있다고 들었는데 아직 우리가 무섭고 그런 것 같다. 아니면 엄마 개가 보고 싶은가?
　인터넷에서 어떻게 하면 동이의 마음을 안정시켜 줄 수 있는지 찾아보았다. 탁상시계 소리를 들려주라고 나와 있었다.

나는 동이 집 옆에 탁상시계를 놓아두었다. 그리고 부드럽게 이야기했다.
"동이야, 걱정 마. 내가 너의 엄마가 되어 줄게."

| 7월 23일 | 동이가 드디어 밖으로 나왔다. 엄마가 우유를 먹일 때만 밖으로 나왔는데, 오늘은 스스로 나왔다. 동이가 집안을 돌아다니니까 나도 덩달아 기분이 좋아졌다.
그런데 현관 벽 옆에 똥을 눈 것이다. 여기저기 돌아다니다가 그쪽으로 가서 빙빙 돌더니 똥이 나와 있었다. 아빠가 이걸 보더니 배변 훈련을 시켜야겠다고 하셨다. 강아지는 똥이나 오줌을 누기 전에 그 자리를 빙빙 돈다고 하셨다. |

| 7월 25일 | 동이가 똥을 누는 곳은 바로 화장실! 동이가 빙빙 돌 때마다 엄마나 아빠가 얼른 동이를 화장실로 데려 간다. 그러면 조금 있다가 동이가 똥이나 오줌을 눈다.
그런데 우리가 빙빙 도는 모습을 못 보고 놓치면 아무데나 싼다. 우리 가족은 동이가 화장실에서 똥을 누면 칭찬을 해 주기로 했다. 아무데나 싸면 살짝 야단을 치고. |

| 7월 27일 | 칭찬은 동이도 화장실에서 똥을 누게 한다! 참 신기하다. 동이가 빙빙 돌 때 화장실로 데리고 가 똥이나 오줌을 누면 칭찬을 해 주었더니 이제는 혼자서도 화장실에 간다. 물론 다섯 번 중 세 번은 가고 두 번은 그냥 아무데나 싼다. 그래도 조금씩 우리집에 적응을 하는 것 같아 기분이 좋다. |

| 7월 31일 | 동이가 이제는 화장실에서 혼자 볼일도 잘 보고, 나랑 놀기도 제법 잘 논다. 동이가 이제 한 식구 같다.
동이의 적응기 관찰 끝! |

똥 누는 강아지

3

궁금한 건 못 참아,
호기심 해결사
탐구보고서 쓰기

1. 갯벌에는 어떤 생물들이 살까?
흥미로운 갯벌체험

바다도 아니고 육지도 아닌 곳, 갯벌. 그곳에선 어떤 생물들이 살까요? 갯벌을 찾아 직접 생물들을 잡아 보고 관찰해 보면 생생하게 탐구할 수 있을 거예요. 더 알고 싶은 점은 인터넷 사이트와 책을 참고해 봅니다.

탐구주제	갯벌에는 어떤 생물들이 살까?	탐구기간 7/21 ~ 7/23
		작성자 ｜ 서동환

탐구하게된 동기

내가 좋아하는 TV 프로그램에서 갯벌로 체험을 떠났는데, 갯벌 안에 조개랑 낙지가 살고 있었다. 시커먼 진흙 속에 그런 생물이 사는 게 신기했다. 또 어떤 생물들이 사는지 궁금해서 더 알아보기로 하였다.

탐구를 통하여 알고 싶은 점

1. 갯벌 생물들에는 무엇무엇이 있을까?
2. 사람들이 즐겨 먹는 갯벌 생물은 무엇일까?
3. 갯벌 생물들이 사는 장소와 먹는 먹이는 무엇일까?
4. 봄, 여름, 가을, 겨울에 따라 갯벌 생물들은 어떻게 지낼까?

탐구실행 방법

1. 강화도 갯벌에 가서 직접 갯벌 생물들을 잡는다.
2. 갯벌 마을에 사는 어부 아저씨에게 물어 보고 인터넷에서도 찾아본다.
3. 갯벌에 관한 과학책에서 조사해 본다.

•• 탐구 결과 정리

1 갯벌 생물들에는 무엇무엇이 있을까?

물새 종류 : 물갈퀴로 헤엄쳐 다니는 기러기와 고니, 긴 다리로 낮은 물 위를 걷거나 물가에서 사는 백로, 두루미, 도요새, 물떼새 등이 있다.

연체동물 종류 : 조개, 고둥, 낙지 등이 있다. 조개 중에는 특히 바지락, 백합조개, 맛조개가 많이 산다. 연체동물은 몸에 뼈가 없는 동물이다.

검은머리물떼새와 흑꼬리도요새

바지락과 맛조개

밤게와 갯가재

절지동물 종류 : 밤게, 농게, 칠게, 보리새우, 갯가재 등이 있다. 그런데 밤게는 앞으로 걷는다. 게는 갯벌 속에 구멍을 파서 그 안에 산다. 물이 빠졌을 때는 밖으로 나오고, 물이 들어올 때는 그 안으로 숨는다. 절지동물은 단단한 껍질로 둘러싸인 동물이다.

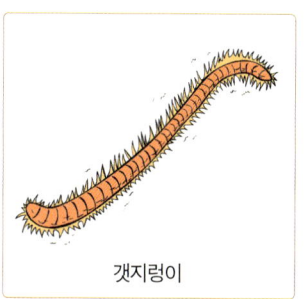
갯지렁이

망둥이와 가자미

불가사리와 해삼

갯지렁이 : 제일 많이 사는 동물이다. 육지에 사는 지렁이와 달리 몸에 가시 같은 것이 나 있다.

물고기 종류 : 망둥이가 제일 많이 살고 물이 깊은 곳에는 가자미와 참조기, 밴댕이, 갈치도 산다. 망둥이는 물이 빠졌을 때도 종종 갯벌에 남아 있다.

그 외 종류 : 불가사리와 해삼도 산다. 아무리 봐도 특이하게 생겼다.

2 | 사람들이 즐겨 먹는 갯벌 생물은 무엇일까?

갯벌에 사는 생물들 중에서 우리가 먹을 수 있는 것들은 바지락, 맛조개, 백합조개, 낙지, 게, 망둥이, 가자미, 참조기, 갈치, 밴댕이, 해삼 등이다.

이 중에서 사람들이 제일 많이 먹는 건 바지락이다. 바지락 칼국수, 바지락 된장찌개, 바지락 무침, 바지락 미역국 등이 인기가 있다.

3 | 갯벌 생물들은 무엇을 먹고 살까?

갯지렁이를 잡아먹는 물떼새

물새들이 이것저것 제일 많이 잡아먹는다. 갯지렁이를 제일 많이 먹는다. 갯벌 위로 기어 나오면 얼른 뛰어가서 잡아먹는다. 갈매기들은 이것저것 아무거나 다 먹는다. 낙지, 게, 조개, 갯지렁이 등은 바닷물이나 갯벌 안에 있는 영양분을 주로 먹는다.

4 | 봄, 여름, 가을, 겨울에 따라 갯벌 생물들은 어떻게 지낼까?

봄에는 갯벌 생물들이 알을 낳는다. 그런데 그 알은 너무 작아서 눈으로는 잘 보이지 않는다. 또 겨울 동안 일본이나 홍콩에서 지내던 저어새들이 우리 나라 갯벌로 와서 알을 낳는다.

여름에는 저어새들이 새끼를 키우느라 바쁘다. 여름은 더워서 갯벌 생물들이 아주 활발하게 활동을 한다. 다른 새끼들은 너무 작아서 거의 보이지 않는다.

가을에는 봄에 알에서 나온 새끼동물들이 약간 자라서 우리 눈에 보인다. 아기 저어새들은 이제 다 어른이 되어 겨울이 오기 전에 갯벌을 떠나기 위한 준비를 한다.

겨울에는 추워서 갯벌 생물들이 거의 보이지 않는다. 모두 흙속에 파묻혀 있다. 대신 겨울 철새인 기러기, 두루미가 와서 산다.

물새 알

게와 저어새들

게와 두루미

탐구를 통하여 알게 된 점과 느낀 점

갯벌에 얼마나 많은 생물들이 사는지 알게 되었다. 종류도 무척 많고 다양하다. 갯벌에 가 보면 그냥 진흙 밭만 있는 것처럼 보이는데 그게 아니었다. 흙을 파보면 여러 가지 생물들이 나오고, 가만히 보면 주변에 새도 많다. 갯벌이 꼭 작은 세상 같다.

우리가 만약 갯벌을 파괴하면 그건 갯벌에 사는 생물들의 집을 뺏는 거다. 그러니까 갯벌을 아끼고 더욱 사랑해야겠다.

참고 〈Why? 갯벌〉(예림당)　　〈갯벌〉(스쿨김영사)
갯벌정보시스템: www.tidalflat.go.kr

2. 모기는 왜 우리 피를 먹는 걸까?
해충 체험

여름철에 가장 성가신 해충 중의 하나는 모기예요. 모기에 물렸던 적이 있는 어린이라면 도대체 모기가 왜 우리 피를 빨아먹는 건지 짜증도 나고 궁금하기도 했을 거예요. 그럼, 그 이유를 밝혀 탐구보고서를 작성해 봅니다.

탐구 주제
모기는 왜 우리 피를 먹는 걸까?

탐구하게 된 동기

여름만 되면 모기가 윙윙거려 잠을 잘 수가 없다. 또 모기는 꼭 내 팔뚝이나 손등을 물어 피를 빨아먹는다. 도대체 왜 그러는 걸까? 피를 먹고 뭘 하려는 걸까? 이것이 너무 궁금해 탐구를 하게 되었다.

탐구를 통하여 알고 싶은 점

1. 모기는 왜 피를 먹는 걸까?
2. 요즘 모기는 왜 여름이 되기도 전부터 나타나는 걸까?
3. 모기에 안 물리는 방법은 무엇일까?

● ● 탐구결과정리

1. 모기는 왜 피를 먹는 걸까?

그 이유는 영양보충을 하기 위해서이다. 사실 모기는 꿀이나 식물에 있는 즙을 빨아먹고 산다. 그런데 암놈이 알을 낳기 위해서는 더 많은 영양이 한꺼번에 필요하기 때문에 피를 먹는 것이다. 피 속에는 영양소가 아주 많이 녹아 있으니까 그렇다.

2. 요즘 모기는 왜 여름이 되기도 전부터 나타나는걸까?

　　모기는 여름 곤충인데 요즘 시도때도 없이 나오는 이유는, 지구가 점점 더워지기 때문이다. 모기는 온도가 5도 미만이면 죽고, 18도 미만이면 활동은 잘 못해도 다니기는 한다. 그 온도를 넘으면 떼로 나타난다.

피를 먹는 모기

3. 모기에 안 물리는 방법은 무엇일까?

　　모기는 땀냄새를 좋아한다. 또 몸이 따뜻하면 잘 붙는다. 그러니까 잠을 자기 전에 시원한 물로 샤워를 한다. 모기향을 피워 두거나, 홈매트도 좋다. 아침에 일어나면 모기들이 죽어 있을 것이다. 또 모기장을 쳐 놔도 좋다. 그럼 모기가 아예 들어오질 못하니까 물리는 법이 없다. 모기는 밝은 색을 싫어한다. 그러니까 여름에는 특히 밝은 색 옷을 입고, 밤에 잠을 잘 때는 야광색 잠옷을 입는다.

깨끗이 샤워~

모기향과 모기장

밝은 색 잠옷!

● ● 탐구를 통하여 알게 된 점과 느낀 점 ● ● ● ●

　　모기는 다 피를 빨아먹는 줄 알았는데, 암놈 모기만 알을 낳기 위해 빨아먹는다는 걸 알았다. 또 온도가 높고 물이 있으면 모기가 번식을 하고 활발히 활동하니까 온도를 낮춰야 한다. 자연을 보호하고 나무도 많이 심으면 온도가 더 이상 올라가지 않고, 그러면 모기도 점점 줄어들 것 같다.

참고　〈모기와 짜짝〉(오늘)　　〈21세기웅진학습백과사전〉

3. 떡볶이가 몸속으로 들어가면 어떤 일이 생길까?
신비로운 인체 체험

사람의 몸속이 어떻게 생겼는지 알고 있나요? 음식을 먹으면 그 음식이 우리 몸속에서 어떻게 처리될까요? 우리 몸속에 무엇이 있고, 어떻게 생겼으며, 그것들은 각각 어떤 일을 하는지 탐구해 봅니다.

| 탐구 주제 | 떡볶이가 몸속으로 들어가면 어떤 일이 생길까? | 탐구기간 7/25 ~ 7/27
작성자 박준석 |

탐구하게 된 동기

떡볶이를 먹고 체해서 병원에 갔더니 의사선생님이 소화가 안 되어서 그렇다고 하셨다. 나는 그 말을 듣고 떡볶이가 몸속에서 어떻게 소화되는지 알아보기로 했다. 또 우리 몸속에 무엇이 있는지도. 그래서 인체의 신비전에 가서 직접 보기도 하고 조사도 해 보기로 했다.

탐구를 통하여 알고 싶은 점

1. 우리 몸속엔 무엇이 있을까?
2. 떡볶이가 몸속으로 들어가면 어떻게 될까?
3. 떡볶이는 어떻게 똥이 되어 나올까?
4. 우리 몸이 병에 걸리면 몸속이 어떻게 변할까?

탐구 실행 방법

1. 인체의 신비전에 가서 직접 우리 몸속을 관찰한다.
2. 사람 몸에 대해 나온 과학책을 통해 알아본다.
3. 직접 떡볶이를 먹고 똥을 누어 본다.

• • **탐구결과정리** •

1 우리 몸속엔 무엇이 있을까?

 인체의 신비전에는 우리 몸속에 있는 기관들이 진짜로 다 전시되어 있다.
 심장은 우리 몸 곳곳에 피를 보내 준다. 꼭 펌프 같다. 폐는 허파라고도 한다. 가슴에 양쪽으로 날개처럼 있다. 우리가 산소를 들이마시면 폐로 간다. 그리고 그 폐에서 이산화탄소가 걸러져 나온다. 작은창자는 소장이라고도 한다. 벽에 융털이라는 작은 돌기 같은 게 돋아 있는데, 여기로 영양분이 흡수된다. 콩팥은 신장이라고도 한다. 여기서 오줌을 만든다. 신장은 우리 몸 허리 아래 양쪽에 있는데 하나만 있어도 살 수 있다.
 뇌는 미로 같다. 아주 쭈글쭈글하다. 길이 여러 갈래로 나 있다. 이 작은 게 생각도 하고 말도 하게 하고 몸도 움직이게 한다는 것이 놀랍다. 얼굴 뼈는 해골바가지다. 만약 피부가 없었으면 정말 징그럽고 무서울 뻔했다.

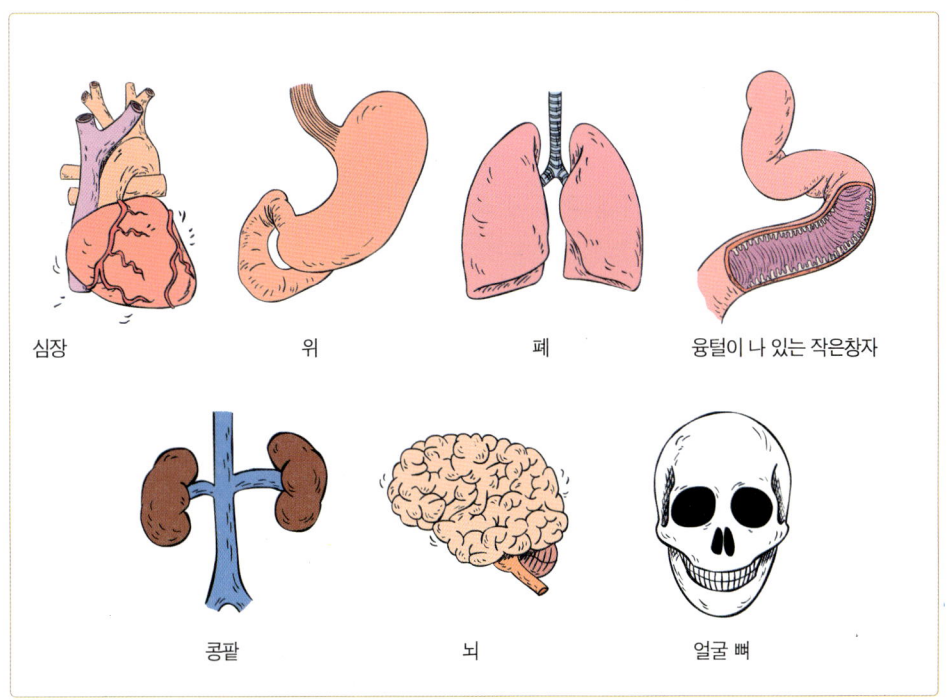

심장　　　　　　위　　　　　　폐　　　　　융털이 나 있는 작은창자

콩팥　　　　　　뇌　　　　　　얼굴 뼈

2 떡볶이가 몸속으로 들어가면 어떻게 될까?

떡볶이가 몸속으로 들어가면 다음과 같은 순서대로 여행을 한다.

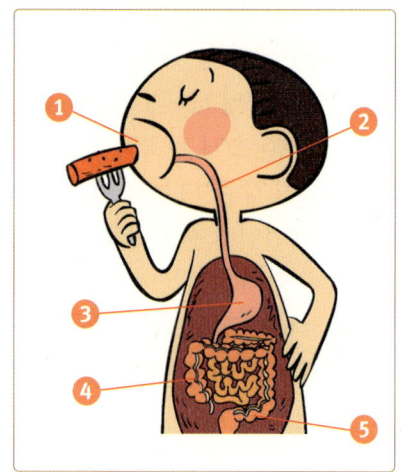

① 입 : 떡볶이가 입속으로 들어가면 우리는 그걸 씹는다. 그때 이가 떡볶이를 잘게 부수게 되고, 침샘에서 침이 나와서 떡볶이가 분해되는 걸 돕는다.

② 식도 : 입에서 잘게 부서진 떡볶이는 식도를 거쳐 간다. 만약 떡볶이를 제대로 안 씹고 삼키면 식도에 걸릴 수 있다. 그러면 큰일 난다.

③ 위 : 식도를 통과한 떡볶이는 위에서 나쁜 균이 살균된다. 위에서도 음식을 분해하지만 위는 특히 고기류를 더 잘 분해한다. 그런데 만약 몹시 매운 떡볶이를 먹으면 위가 아프다. 그 이유는 매운 성분이 위를 뜨겁게 하고 자극을 주기 때문이다.

④ 작은창자 : 작은창자로 내려온 떡볶이는 더욱 잘게 쪼개져 우리 눈으로는 보이지 않을 정도로 작아진다. 그러면 영양소로 변한 떡볶이를 융털이 흡수한다.

⑤ 큰창자 : 작은창자에서 흡수가 안 된 찌꺼기가 큰창자로 내려간다.

3 떡볶이는 어떻게 똥이 되어 나올까?

떡볶이가 똥으로 변하는 곳은 큰창자이다. 작은창자를 통과한 떡볶이 중에서 융털로 흡수가 안 된 찌꺼기가 큰창자로 가서 똥이 되어 나오는 것이다. 그러니까 큰창자에는 음식 찌꺼기들이 좀 있다.

건강한 황금색 똥   설사똥   변비똥

이 찌꺼기들이 잘 나와야 우리 몸이 건강해진다.

이 찌꺼기에는 세균도 붙어 있다. 똥으로 몸속에 필요 없는 것들이 다 나오는 것이다. 그런데 건강하면 황금색 똥을 싸고, 소화가 잘 안 되거나 배탈이 나면 설사 똥, 변비가 있으면 딱딱한 똥이 나온다.

4 우리 몸이 병에 걸리면 몸속이 어떻게 변할까?

우리 몸이 병에 걸리면 몸속 기관들이 변한다. 색깔과 모양이 끔찍하게 변한다. 인체의 신비전에서도 보았지만 담배를 많이 피우면 폐가 시커멓게 된다. 폐가 시커멓게 되면 산소를 마셔도 그게 우리 몸속으로 가지 못한다. 그럼 자꾸 더 큰 병에 걸리는 것이다. 또 술을 많이 마시면 간이 울퉁불퉁해진다.

술과 담배를 하면 안 된다.

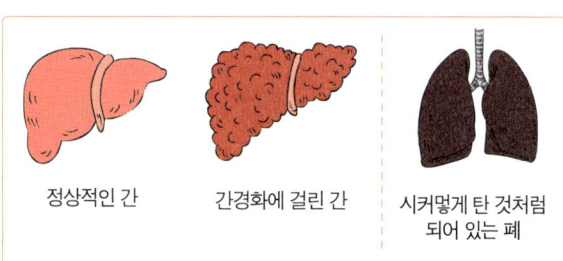

정상적인 간   간경화에 걸린 간   시커멓게 탄 것처럼 되어 있는 폐

••• 탐구를 통하여 알게 된 점과 느낀 점 •••••

내 몸은 정말 신비롭다. 어떤 점이 신비롭냐 하면, 내가 그렇게 일하라고 명령을 하지 않았는데도 알아서 움직이고 일을 하는 것이다. 떡볶이를 먹으면 위와 작은창자는 그것을 분해하기 위해 알아서 일을 한다.

만약 이렇게 알아서 하지 않고 시켜야만 일을 한다면 아마 나는 아무것도 못할 것이다. 내 몸속에 있는 기관들이 일을 하는지 마는지 매일 감시해야 하기 때문이다. 스스로 알아서 일을 해 주니까 정말 다행이다.

참고   〈우리 몸 탐험〉(다섯수레)   〈떡볶이 따라 몸속 구경〉(대교출판)
　　　　〈인체야 말해줘〉(한겨레아이들) 〈Why? 똥〉(예림당)
　　　　체험전 : 인체의 신비전

4. 늪은 어떻게 물을 깨끗하게 해 줄 수 있을까?
선유도 공원 탐사

자연은 스스로를 깨끗하게 할 수 있는 능력이 있어요. 오염물질이나 쓰레기를 잘 분해해서 깨끗하게 한다는 뜻이에요. 이를 자연정화라고 해요. 자연정화를 할 수 있는 대표적인 곳은 늪이에요.
늪이 어떻게 물을 깨끗하게 하는지 탐구해 봅니다.

탐구 주제: 늪은 어떻게 물을 깨끗하게 해 줄 수 있을까?

탐구하게 된 동기

가족들과 선유도 공원에 갔다. 선유도 공원은 자연생태공원으로 유명하다. 거기서 늪을 보았다. 늪이 참 신기하다는 생각이 들었다. 그래서 늪이 하는 일에 대해 더 탐구해 보기로 했다.

탐구를 통하여 알고 싶은 점

1. 어떤 곳을 보고 늪이라고 하는 걸까?
2. 늪은 어떻게 물을 깨끗하게 하는 걸까?
3. 물을 깨끗하게 해 주는 수생식물에는 무엇이 있을까?

탐구결과정리

1. 어떤 곳을 보고 늪이라고 하는 걸까?

물로 차 있거나 물과 접하고 있는 축축한 땅을 '늪'이라고 한다. '습지'라고도 부른다. 예를 들어 바다와 땅이 만나는 갯벌, 얕은 연못, 강과 호수 주변의 물이 좀 차 있는 축축한 땅이 늪이다.

2. 늪은 어떻게 물을 깨끗하게 하는 걸까?

늪에 사는 많은 식물들이 물을 깨끗하게 한다. 그 식물들을 수생식물이라고 하는데, 물에 녹아 있는 오염물질을 뿌리로 빨아들이고 잎으로는 산소를 만들어 내보낸다. 이러면 물이 점점 깨끗해진다. 오염물질은 유기물과 인, 질소 등이다.

습지(늪)

3. 물을 깨끗하게 해 주는 수생식물에는 무엇이 있을까?

식물의 몸 전체나 일부가 물속에 잠겨서 사는 식물을 수생식물이라고 한다. '물풀'이라고도 부른다.

수생식물에는 정수식물, 부엽식물, 부유식물, 침수식물이 있다. 정수식물에는 갈대, 부들, 연꽃, 창포 등이 있고, 부엽식물에는 가래, 수련, 어리연꽃, 마름 등이 있고, 부유식물에는 개구리밥, 부레옥잠, 물옥잠, 생이가래, 통발, 자라풀 등이 있고, 침수식물에는 물수세미, 검정말, 나사말 등이 있다.

습지에 사는 수생식물

탐구를 통하여 알게 된 점과 느낀 점

늪이 있으면 오염도 겁나지 않다. 하지만 그렇다고 늪만 믿고 쓰레기도 마구 버리고 자연을 오염시키겠다는 뜻은 아니다. 그런데 요즘 늪이 점점 사라지고 있다고 해서 걱정이다. 늪을 보호하고 더 많이 생길 수 있도록 해야겠다.

참고 〈우포늪〉(스쿨김영사)   한국습지학회 : www.kwetland.or.kr
습지와 새들의 친구 : www.wbk.or.kr

5 동굴은 어떻게 해서 생기는 걸까?
동굴 체험

동굴은 자연이 땅 속에 만든 집 같은 곳이에요. 텅 비어 있어서 옛날 원시인들이 그 안에서 살기도 했지요. 그러면 동굴은 어떻게 만들어졌고, 그 안엔 어떤 생물들이 살까요?
제주도나 강원도에 동굴이 많이 있으니 직접 가 보거나 책을 통해 탐구해 봅니다.

| 탐구 주제 | 동굴은 어떻게 해서 생기는 걸까? |

탐구하게 된 동기

외가댁에 갔다가 외삼촌이랑 사촌동생들이랑 고수동굴에 갔다. 삼촌 말씀이 고수동굴에서 원시인들이 살았었다고 했다.
동굴에서 살면 어떤 느낌일까? 한번 탐구해 보기로 하였다.

탐구를 통하여 알고 싶은 점

1. 어떤어떤 동굴이 있을까?
2. 고수동굴과 만장굴은 어떻게 만들어졌을까?
3. 동굴 안엔 박쥐만 살까?

• • • 탐구결과정리 •

1. 어떤어떤 동굴이 있을까?

　　동굴의 종류는 여러 가지가 있다. 석회암으로 된 석회동굴, 용암이 굳어지면서 생긴 용암동굴, 추운 지방에 있는 얼음동굴, 파도가 절벽을 깎아서 만든 해식동굴, 소금으로 만들어진 소금동굴, 석고층이 지하수에 녹아 생긴 석고동굴 등이다.

2. 고수동굴과 만장굴은 어떻게 만들어졌을까?

고수동굴은 석회동굴이고, 제주도 만장굴은 용암동굴이다.

석회동굴은 석회암으로 된 땅에서 만들어진다. 석회암이 오랜 세월 빗물과 지하수에 녹으면서 동굴이 만들어진다.

용암동굴은 화산이 폭발했던 곳에서 만들어진다. 화산이 폭발하면 땅속 깊이 있던 마그마가 용암이 되어 산 위로 흘러내린다. 흘러내리는 용암의 표면은 바깥의 공기 때문에 빨리 식어서 굳게 된다. 그런데 그 안에 있는 용암은 식지 않고 계속 흘러서 빠져 나가 결국 동굴이 생긴다.

해식동굴

얼음동굴

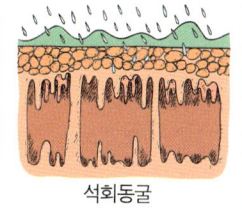
석회동굴

용암동굴

3. 동굴 안엔 박쥐만 살까?

동굴 안에는 박쥐, 도롱뇽, 갈르와벌레, 입술접시거미, 굴왕거미, 고려잔나비거미, 등줄노래기, 김띠노래기, 뿔띠노래기, 심복장님좀딱정벌레, 장님굴새우, 물결자나방 등이 산다. 동굴 속 깊이 사는 생물들은 빛이 없어서 몸이 하얗고 좀 투명하다.

동굴 안 생명체

• • • **탐구를 통하여 알게 된 점과 느낀 점** • • • • • • • • • • • • •

동굴의 종류가 많고, 만들어지는 방법이 다르다는 걸 알았다. 전에는 동굴은 그냥 빈 곳인 줄 알았는데, 그 안에는 희한한 게 많다. 동굴에 사는 생물들도 참 많다. 또 동굴 벽과 천장에 고드름 같은 것도 있고 진주 같은 것도 있는데, 신비롭다는 느낌이 들었다.

참고 〈동굴〉(지성사)   고수동굴 : www.kosu.or.kr
세계자연유산 제주 : jejuwnh.jeju.go.kr/

6. 공룡은 몸집이 얼마만큼 클까?
공룡박물관 체험

이 지구에 살았던 동물 중에서 가장 몸집이 큰 동물은 무엇일까요? 바로 공룡입니다. 그런데 공룡 중에는 사람 키만한 공룡도 있고, 그보다 더 작은 공룡도 있어요. 공룡의 몸집과 여러 가지 특징을 조사해 봅니다.

탐구 주제	공룡은 몸집이 얼마만큼 클까?	탐구기간 8/2~8/5
		작성자 ㅣ 권마리

탐구하게 된 동기

고성 바닷가에 가서 공룡 발자국을 보았다. 우리 나라에도 공룡이 살았다는 것이 신기하고 이상했다. 그때 원시인들도 있었을까? 또 이렇게 큰 발을 가진 공룡의 키와 몸 무게는 어느 정도 될까?
공룡에 대해 더 자세하게 알아 보기로 했다.

탐구를 통하여 알고 싶은 점

1. 공룡 키와 몸 무게는 어느 정도였을까?
2. 공룡은 두 발로 걸을까, 네 발로 걸을까?
3. 공룡은 무엇을 먹고, 공룡의 후손은 누구일까?
4. 원시인은 공룡을 본 적이 있을까?

탐구실행 방법

1. 공룡박물관에 가서 직접 공룡 화석을 관찰한다.
2. 인터넷과 책에서 궁금한 점을 찾아본다.
3. 공룡체험전에 가서 공룡 모델을 본다.

• • 탐구결과정리

1 공룡 키와 몸무게는 어느 정도였을까?

공룡은 대부분 다 크다. 하지만 생각보다 정말 작은 것도 있다.

가장 긴 공룡 중 하나인 세이스모사우루스가 있다. 몸길이가 보통 35~40m이고 몸무게는 36톤이 넘는다고 한다. 어른 450명을 합한 몸무게보다 많다. 길이는 12층 건물 정도이다.

가장 작은 공룡 중 하나인 콤포소그나투스는 몸길이가 0.7~1.4m이고, 몸무게가 3~4kg이다. 키는 어린이만한데 몸무게는 아기만하다.

가장 난폭한 공룡, 티라노사우루스는 몸의 길이가 14m, 몸무게가 7톤이나 된다.

만화 <아기공룡 둘리>의 주인공 둘리는 브라키오사우루스이다. 이 공룡은 몸길이가 25~35m이고 몸무게가 30~80톤 사이이다. 착하게 생겼다.

내가 제일 좋아하는 스테고사우루스는 몸 길이가 9m 정도, 몸무게가 2~2.5톤 정도이다. 등에 붙은 골판은 정확히 무엇인지 잘 모른다고 한다.

자동차만큼 빨리 달리는 오르니토미무스는 몸길이가 3~5m, 몸무게가 100~170kg이다. 길고 호리호리하게 생겨서 빨리 달리는 것 같다. 타조와 비슷하게 생겼다.

2 공룡은 두 발로 걸을까, 네 발로 걸을까?

두 발로 걷는 공룡도 있고, 네 발로 걷는 공룡도 있다.
두 발로 걷는 공룡은 보통 육식공룡이다. 꼬리를 이용해 균형을 잡고, 발은 새처럼 발가락이 세 개다. 아주 빨리 달릴 수 있다. 초식동물은 대부분 네 발로 걷는데, 느릿느릿 걷는다. 두 발로 걷는 초식공룡도 있는데, 네 발로 걷는 육식공룡은 거의 없다.

3 공룡은 무엇을 먹었을까?

공룡은 지구에 있는 걸 다 먹었다. 동물만 잡아먹는 공룡, 식물만 먹는 공룡, 둘 다 먹는 잡식공룡이 있다. 덩치가 큰 육식공룡은 다른 공룡들을 잡아먹었고, 작은 공룡은 작은 동물, 곤충, 도마뱀을 잡아먹었다. 물고기도 먹었다.

초식공룡들은 잎사귀를 많이 먹었다. 특히 소나무류를 먹었다. 고사리 같은 양치식물과 풀도 먹었다.

육식공룡과 초식공룡

4 공룡의 후손은 누구일까?

공룡의 후손들?

공룡은 다 멸종되어서 지금은 없다. 그러면 공룡의 후손은 있을까?

도마뱀, 타조, 기린 등이 공룡의 후손이라고 주장하는 사람들이 있다. 그런데 모두 정확한 것은 아니라고 한다.

5 | 원시인은 공룡을 본 적이 있을까?

　〈고인돌 가족〉이라는 만화책에 보면 원시인도 나오고 공룡도 나온다. 원시인이 공룡이랑 싸우기도 한다.
　그런데 사실은 원시인과 공룡은 함께 산 적이 없다. 그 이유는 공룡이 멸종하고 난 후에야 사람이 지구에 살기 시작했기 때문이다. 공룡이 멸종하고 나서 6450만 년 후에 인류가 나타났다.

연대(년 전)	2억	6천 5백만	250만	50만
시대	공룡시대	신생대 시작	유인원 등장	인류 등장

　대신 우리 인간은 매머드랑은 같이 산 적이 있다. 매머드는 추운 곳에 사는 아주 큰 코끼리같이 생긴 동물이다.

● ● ● 탐구를 통하여 알게 된 점과 느낀 점 ● ● ●

　공룡은 지금까지 지구에 살았던 동물 중에 가장 크다. 물론 작은 것도 있지만 대부분 몸길이가 10m가 넘는다. 사람의 5배는 된다. 만약 우리가 공룡과 함께 살았다면 매일 잡아먹히고 밟히고 그랬을 거다. 생각만 해도 오싹하다.
　사람이 지구에 살기 전에 공룡이 다 사라져서 다행이다.

참고　〈공룡세계에서 살아남기 1, 2〉(아이세움)
　　　〈한반도의 공룡〉(킨더주니어)　　〈Why? 공룡〉(예림당)
　　　고성공룡박물관 : museum.goseong.go.kr
　　　공룡나라 고성 : www.dinopark.net
　　　우항리공룡박물관 : uhangridinopia.haenam.go.kr

7. 돌하르방은 왜 구멍이 숭숭 뚫려 있는 걸까?
제주도 문화 체험

제주도에 가 보면 여기 저기 마을마다 익숙한 얼굴이 있어요. 바로 돌하르방입니다.
돌하르방은 제주도를 지키는 수호신 같아요. 그런데 무섭거나 근엄한 얼굴을 하고 있는 것이 아니라 약간 웃는 것 같은 친근한 얼굴이지요. 돌하르방에 대해 조사해 봅니다.

탐구 주제
돌하르방은 왜 구멍이 숭숭 뚫려 있는 걸까?

탐구하게 된 동기

이모가 제주도 여행을 갔다 오면서 돌하르방 핸드폰 줄을 사왔다. 그런데 신기하게 돌하르방을 만든 돌이 구멍이 숭숭 뚫려 있었다. 좀 가볍기도 했다.
이 돌의 정체가 궁금해 한번 조사해 보기로 했다.

탐구를 통하여 알고 싶은 점

1. 왜 돌하르방의 돌은 검고 구멍이 나 있을까?
2. 정말 돌하르방 코를 만지면 애를 낳을까?
3. 제주도 사람들은 왜 돌하르방을 만들었을까?

탐구실행 방법

1. 돌하르방의 생김새와 특징을 자세히 알아본다.
2. 제주도의 역사나 문화에 관한 책을 찾아 읽어본다.
3. 돌에 대한 과학책을 찾아 읽어본다.

탐구결과정리

1. 왜 돌하르방의 돌은 검고 구멍이 나 있을까?

돌하르방을 만든 돌은 현무암이라고 하는 돌이다. 이 현무암은 제주도에 많다. 한라산 화산이 폭발할 때 나온 용암이 굳어져서 만들어진 돌이기 때문이다. 용암이 차가운 공기를 만나면 빨리 굳어지는데, 그때 공기구멍이 마구 생겨서 구멍이 숭숭 나 있는 것이다.

현무암

2. 정말 돌하르방 코를 만지면 아기를 낳을까? -돌하르방 전설

옛날에 자식을 못 가진 여인이 있었다. 어느 날 스님이 그 여인에게 돌하르방 코를 쪼아서 마시면 아이를 가질 수 있다고 했다. 그날 밤 여인은 아무도 몰래 돌하르방의 코를 쪼아서 물에 타서 마셨다. 그로부터 열 달 후 아이를 낳게 되었다.

이 옛날이야기가 전해져 돌하르방 코를 만지는 풍습이 생겼다고 한다.

3. 제주도 사람들은 왜 돌하르방을 만들었을까?

돌하르방은 제주도 마을과 사람들을 지켜 주는 수호신이다. 제주도는 남자가 별로 없다. 배를 타고 나가 풍랑을 맞아 죽는 일이 많기 때문이다. 그래서 아들을 많이 낳고 사람들을 보호해달라는 뜻으로 돌하르방을 만들었다고 한다.

탐구를 통하여 알게 된 점과 느낀 점

돌하르방이 왜 제주도의 상징인지 알겠다. 돌하르방의 재료 현무암은 제주도의 대표 돌이기 때문이다. 돌하르방은 눈과 코가 정말정말 크고 재미있게 생겼다.

참고 <주강현의 우리문화 1>(아이세움)   <암석과 화석>(럭스키즈)
<손에 잡히는 과학교과서: 16. 화산과 지진>(길벗스쿨)

8. 옛날 무덤 속엔 무엇이 있었을까?
고인돌 유적 체험

고인돌은 선사시대의 무덤이랍니다. 우리 나라뿐만 아니라 전 세계에서 고인돌을 볼 수 있지요. 그런데 특히 우리 나라엔 고인돌이 무척 많아 세계문화유산으로 지정되어 있어요. 고인돌 유적지를 찾아가 고인돌에 대해 알아봅니다.

탐구 주제 | 고인돌 속엔 무엇이 있었을까?

탐구하게 된 동기

　　동생이 〈고인돌〉 그림책을 읽어달라고 해서 읽어 주다가 고인돌에 대해 더 자세히 알고 싶은 마음이 생겼다. 그래서 강화도에 가서 직접 보고 박물관에도 가서 알아 보기로 했다.

탐구를 통하여 알고 싶은 점

1. 옛날 사람들은 왜 고인돌을 만들었을까?
2. 어떻게 무거운 돌을 옮겼을까?
3. 고인돌 안에는 무엇을 묻었을까?

● ● **탐구결과정리** ●

1. 옛날 사람들은 왜 고인돌을 만들었을까?

　　고인돌은 아주 옛날 무덤이다. 부족의 우두머리나 높은 사람의 무덤이 바로 고인돌이다.

그 사람의 힘이 셌다는 걸 보여 주기 위해서, 또 돌아가신 분을 모심으로써 남아 있는 사람들이나 자손들이 화합하여 지내도록 고인돌을 만들었다.

고인돌

2. 어떻게 무거운 돌을 옮겼을까?

고인돌을 보면 모두 덮개돌이 있다. 고인돌을 만들 때 이 덮개돌을 구하면 사람들이 힘을 합쳐 그걸 고인돌을 세울 곳으로 옮긴다. 먼저 길을 따라 큰 통나무들을 마치 기찻길처럼 깔고 그 위에 다시 빗겨서 통나무를 얹는다. 그 다음 통나무 위로 돌을 올려놓고 밀면 통나무가 바퀴처럼 굴러 돌이 앞으로 나아간다. 이렇게 해서 돌을 옮긴다.

고인돌 만들기

3. 고인돌 안에는 무엇을 묻었을까?

고인돌 안에는 원래 시체랑 그 사람이 쓰던 물건들을 함께 묻었다. 그 물건들은 돌화살촉과 돌검 등의 돌로 만든 도구들과 옥으로 만든 장신구, 토기(그릇) 등이다.

고인돌 안 시체와 물건들

• • • **탐구를 통하여 알게 된 점과 느낀 점** • • • • • • • • • • •

고인돌에 대해 조사를 하면서 우리 나라에 고인돌이 참 많다는 사실을 알았다. 그래서 세계문화유산으로도 지정되었다고 한다. 고인돌이 많다는 것은 우리의 역사가 오래 되었고, 문화도 많이 발달했다는 뜻이라고 엄마가 이야기해 주었다. 그냥 큰 돌덩이인줄만 알았는데 그 안에 이렇게 많은 뜻, 깊은 뜻이 담겨 있는 줄 몰랐다.

참고 〈고창, 화순, 강화의 고인돌 유적〉(스쿨김영사)
고인돌 마주보기 : www.fcdolmens.com

9 | 미라는 정말 저주를 내릴까?
이집트 미라 체험

하얀 천으로 돌돌 감겨 있는 미라. 생각만 해도 오싹합니다. 관이 열리면 언제든 벌떡 일어나 성큼성큼 걸어 나올 것 같지요. 그런데 정말 미라는 사람들에게 저주를 내릴까요?

미라의 저주를 받고 죽은 사람들이 있다던데 사실인지 조사해 봅니다.

탐구 주제 | 미라는 정말 저주를 내릴까?

탐구하게 된 동기

영화 <미이라>를 보았다. 거기에 이집트의 미라가 나오는데 정말 무서웠다. 미라가 저주를 내리고 사람들을 막 죽였다. 정말 미라는 그럴까? 한번 자세히 알아보기로 했다.

탐구를 통하여 알고 싶은 점

1. 미라를 깨우면 정말 저주를 내릴까?
2. 미라를 어떻게 만들었을까?
3. 미라를 만든 나라는 어디일까?

• • 탐구결과정리

1. 미라를 깨우면 정말 저주를 내릴까?

　미라가 저주를 내린다는 소문은 이집트의 피라미드와 미라를 발굴한 사람들이 갑자기 병에 걸려 죽으면서 퍼졌다. 그런데 그 사람들이 죽은 이유는 미라의 저주

때문이 아니라, 피라미드와 미라의 관이 너무 오랫동안 묻혀 있어서 청소도 안 되어 있고, 옛날 바이러스 같은 것도 있어서 감염이 되어 죽은 것이다.

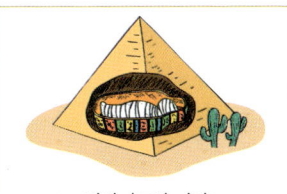
피라미드와 미라

2. 미라를 어떻게 만들었을까?
   ① 시체를 씻고, 시체의 왼쪽 옆구리를 잘라 간, 허파, 위장, 창자를 꺼낸 다음, 네 개의 항아리에 담는다. 뇌는 버린다.
   ② 시체의 몸속에 아마포, 오래, 톱밥 등을 채워 넣고 기름과 향료로 피부를 문지른다.
   ③ 시체를 아마포(붕대)로 감는다.
   ④ 미라를 관 속에 넣는다.

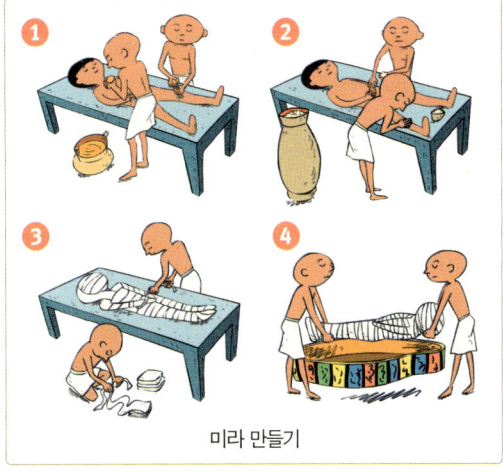
미라 만들기

3. 미라를 만든 나라는 어디 어디 일까?

   미라는 이집트뿐만 아니라, 고대 잉카제국, 시칠리아의 팔레르모에서도 만들었다. 현대에는 유명한 사람이 죽었을 때 미라로 만들어졌는데, 러시아의 레닌, 아르헨티나의 에바페론 미라가 있다.

••• 탐구를 통하여 알게 된 점과 느낀 점 •••••••••

미라는 무서운 게 아니라는 걸 알게 되었다. 그냥 사람이 죽었을 때, 그 사람을 보관하는 방법이다. 요즘에도 아주 유명하고 훌륭한 사람은 미라로 만든다는 것도 알았다. 나도 유명해져서 나중에 내가 죽었을 때 미라로 만들어졌으면 좋겠다.

참고 〈이집트에서 살아남기〉(아이세움)   〈미라의 비밀〉(삼성출판사)
      전시 및 체험전 : 파라오와 미라(국립중앙박물관)

10. 시원한 바람의 정체는 뭘까?
에어컨 바람이 차가운 까닭

더위를 피하기 위해 사람들은 선풍기나 에어컨을 켭니다. 선풍기는 날개가 돌면서 바람을 일으켜 우리를 시원하게 해 주고, 에어컨은 그 안에서 차가운 바람이 나옵니다. 그러면 에어컨에서 어떻게 차가운 바람이 나오는 건지 조사하여 그 내용을 적어 봅니다.

탐구 주제
에어컨은 왜 앞에선 차가운 바람, 뒤에선 뜨거운 바람이 나올까?

탐구하게 된 동기

날이 하도 더워 아빠가 에어컨을 샀다. 그런데 아저씨가 높은 곳에 에어컨을 다는 것이었다. 왜 거기에 다냐고 물었더니 그래야 방 안에 차가운 공기가 골고루 전달된다고 하셨다.
그 이유를 좀 더 정확히 알아보기로 했다.

탐구를 통하여 알고 싶은 점

1. 에어컨을 달 때 왜 위쪽에 다는 걸까?
2. 에어컨 바람은 어떻게 해서 차가운 걸까?
3. 에어컨 뒤쪽에서는 왜 뜨거운 바람이 나오는 걸까?

탐구결과정리

1. 에어컨을 달 때 왜 위쪽에 다는 걸까?

에어컨에서 나오는 바람은 차가운 바람이다. 그런데 차가운 공기는 무거워서 아래로 가라앉는다. 그리고 뜨거운 공기는 가벼워서 위로 올라간다.

그러니까 에어컨을 방 높은 곳에 달아야 차가운 공기가 아래로 내려가고 방 안의 더운 공기는 위로 올라가 방 전체가 다 시원해지는 것이다.

2. 에어컨 바람은 어떻게 해서 차가운 걸까?

에어컨은 냉방 기능이 있다. 주변의 물체에서 열을 빼앗아 온도를 낮추는 것이다. 에어컨 안에는 냉매라고 하는 액체가 있다. 이것은 에어컨 안으로 들어간 공기로부터 열을 빼앗아 기체가 되어 증발한다. 그러면 에어컨 안으로 들어간 공기는 열을 빼앗겼기 때문에 차가워진다. 이것이 '증발현상'이다. 주사 맞은 곳을 알코올 솜으로 문지르면 시원해지는 거랑 같은 거다.

차가운 바람은 아래로

3. 에어컨 뒤쪽에서는 왜 뜨거운 바람이 나오는 걸까?

에어컨은 전기를 이용한다. 전기를 이용하는 모든 물체는 열이 난다. 텔레비전이나 컴퓨터를 만져 보면 뜨거운 것과 같다. 또 열을 흡수해서 기체가 된 냉매가 뒤쪽으로 나오기 때문에 뜨겁다.

에어컨 바람의 두 얼굴

• • • **탐구를 통하여 알게 된 점과 느낀 점** • • • • • • • • • • • • • • • •

에어컨에서 차가운 바람이 나오는 원리가 알코올 솜의 원리와 같다는 것이 신기하다. 에어컨은 아주 복잡한 기계인 줄 알았는데 알고 보니 간단한 기계이다. 주변의 열을 빼앗아 기체가 되는 것을 '증발'이라고 한다는 것도 알게 되었다. 과학은 우리 생활과 관련이 깊은 것 같다.

참고 〈선생님도 놀란 초등과학 뒤집기, 상태의 변화〉(성우주니어)
〈온도와 상태를 변화시키는 열〉(이치)

박물관이 살아 있다~

박물관체험학습보고서 뚝딱쓰기

제2부

1

옛날 사람들은
어떻게 살았을까?
전통 문화와
생활 박물관

1 옛날 사람들의 농사짓기
농업박물관

옛날 사람들은 농사를 많이 지었어요. 그리고 그때는 기계로 농사를 지은 것이 아니라 특별한 농기구를 만들어 썼지요. 농업박물관을 견학한 후에, 거기서 본 농기구들을 중심으로 체험학습보고서를 써 봅니다.

제목	농부 아저씨들은 무엇으로 농사를 지었을까?	보고자	동영수
		견학장소	농업박물관

견학하게 된 동기

지난번에 영화 〈워낭소리〉를 보았다. 거기 나온 할아버지가 소와 함께 농사를 지었다. 감동적이고 슬펐다. 그 영화를 보고 농사에 조금 관심이 생겨서 농업박물관에 가 보기로 하였다.

박물관 소개

아주 옛날부터 지금까지 어떻게 농사를 지었는지 알 수 있는 곳이다. 농사를 짓는 데 쓰는 도구들이 모두 전시되어 있다.

농업역사관에는 신석기, 청동기, 철기, 삼국시대, 조선시대에 사용하던 여러 물건들이 있고, 농업생활관에서는 논밭에서 농사를 짓는 모습이 인형으로 만들어져 있다.

여러 가지 호미

www.agrimuseum.com

• • 견학을 통해 새로 알게 된 점, 기억에 남는 점

알게된 점 1. 돌로 만든 농기구

원시인들은 돌로 직접 농사짓는 데 쓰던 물건들을 만들었다. 이런걸로 어떻게 농사를 지었는지 신기했다. 동글동글한것도 있고 뾰족한 것도 있었다.

신석기시대 마을

알게된 점 2. 옛날 마을의 모습

옛날 마을은 작고 아담했다. 집들이 전부 짚으로 만들어져 있고, 삼각형 모양이다.

원시인들이 일을 하는 모습이 꼭 시골 난쟁이들의 마을 같았다. 나도 거기서 살면서 옷을 원시인들처럼 입고 다니는 상상을 하니까 웃겼다.

기억에 남는 점. 소와 함께 농사짓기

삼국시대부터 소로 농사를 지었다. 이걸 '우경'이라고 한다. 소가 큰 쟁기를 끌면서 밭을 가는 것이다. 이 모형을 보았을 때, 또 <워낭소리>의 할아버지와 소가 생각났다. 그래서 제일 기억에 남는다.

소로 밭 가는 모습

• • 견학 후 느낀점

농업의 역사가 얼마나 오래 되었는지 알게 되었다. 그리고 소랑 사람이 옛날부터 우정을 키웠다는 생각이 들었다. 만약 소가 없었으면 농사짓는 것이 무척 힘들었을 것이다.

옛날에는 개와 사람이 제일 친하다고 생각했는데, 이제는 소와 사람이 제일 친하다는 생각으로 바뀌었다.

2. 우리 조상들의 놀라운 손재주 짚·풀생활사박물관

지푸라기와 풀을 관심있게 본 적이 있나요? 자연 관찰을 하기 위해서가 아니라 그걸 가지고 무엇을 만들어 보기 위해서 말이에요. 짚·풀생활사박물관을 견학한 후에, 짚으로 만든 물건들은 무엇이 있는지 써 봅니다.

제목	짚과 풀로 만든 물건들	보고자	권지영
		견학장소	짚풀생활사박물관

견학하게 된 동기

짚신이나 바구니를 보면 신기한 생각이 든다. 우리 조상들은 지푸라기랑 풀로 어떻게 물건을 만들었던 걸까?

그 방법이랑 그런 물건들을 더 알아보기 위해 짚풀생활사박물관에 가 보았다.

박물관 소개

짚과 풀로 짜고 엮은 다양한 생활용구들을 모아 전시하는 박물관이다.

짚·풀은 농민들이 아주 쉽게 구할 수 있는 재료이다. 그래서 이것들로 필요한 물건들을 하나씩 만들다 보니까 짚·풀 문화가 생긴 것이다.

짚신과 짚공

www.zipul.co.kr

견학을 통해 새로 알게 된 점, 기억에 남는 점

알게 된 점 1. 꼬아서 꼬아서 만들기

짚과 풀로 무엇을 만들 때 먼저 새끼를 꼰다. 짚과 풀 두 가닥을 양 손바닥으로 비벼서 꼬는 것이다. 이렇게 새끼를 꼰 다음에 그걸 가지고 여러 가지 물건을 만든다.

알게 된 점 2. 짚으로 만든 물건들

짚과 풀로 만든 물건들이 정말 많다. 오히려 짚과 풀로 만들지 못하는 물건들이 없을 정도이다. 초가지붕도 짚으로 만든 것이고, 짚신과 주머니 같은 망태기, 바구니, 멍석, 돗자리, 밧줄, 가마니, 암탉이 알을 낳는 둥우리 등등 정말 셀 수도 없이 많다.

멍석과 망태기와 짚신

기억에 남는 점. 짚과 풀로 만든 옷

짚으로 만든 옷을 입으면 어떤 느낌일까? 가벼울까, 무거울까? 이 옷은 도롱이이다. 비가 올 때 입는 것인데, 비가 올 때 한번 입어보고 싶다. 그런데 짚 사이에서 비를 다 맞을 것 같은데, 아니라고 한다. 진짜 아닌지 비가 올 때 꼭 입어서 확인해 보았으면 좋겠다.

짚으로 만든 옷 - 도롱이

견학 후 느낀점

우리 조상들은 머리가 정말 좋은 것 같다. 또 엄마 말씀대로 손재주가 아주 좋은 것 같다. 지푸라기랑 풀로 신발도 만들고 지게도 만든 솜씨가 대단하다. 아무리 재료가 좋아도 손재주가 없으면 멋있고 좋은 물건을 만들 수 없다.

사람들이 별로 관심도 갖지 않은 짚과 풀로 물건을 만들었던 조상들의 절약 정신도 느낄 수 있었다.

3. 우리 민족의 숨결 느끼기
국립민속박물관

우리 조상들의 생활에 대해 속속들이 알고 있나요? 태어나서 죽을 때까지 어떤 생활을 하는지 말이에요. 국립민속박물관을 견학한 후에, 조상들의 생활 모습을 중심으로 써 봅니다.

제목	우리 민족의 숨결 느끼기	보고자	이승리
		견학장소	국립민속박물관

견학하게 된 동기

시골 할머니 댁에 갔다가 옛날 솥을 보았다. 아주 큰 솥이었다. 그걸 보니까 옛날 사람들은 어떤 물건을 사용했고, 또 어떻게 살았는지 궁금해졌다. 그래서 국립민속박물관에 가 보았다.

박물관 소개

우리 조상들이 생활하던 모습들과 그때 쓰던 도구들이 거의 다 전시되어 있다. 1946년에 세워진 가장 오랜 된 민속박물관이다.

한민족생활사 전시실, 한국인의 일상 전시실, 한국인의 일생 전시실, 어린이민속박물관이 있다.

활옷과 수혜

www.nfm.go.kr

●● 견학을 통해 새로 알게 된 점, 기억에 남는 점

알게 된 점 1. 봄, 여름, 가을, 겨울마다 하는 일

옛날 우리 조상들은 봄에 하는 일, 여름에 하는 일, 가을에 하는 일, 겨울에 하는 일이 다 달랐다. 그건 농사를 지어서 그런 것인데, 농사는 아무 때나 지을 수 없고 날씨가 맞아야 하기 때문이다.

알게 된 점 2. 태어나서 죽을 때까지

우리 조상들은 어른이 되는 특별한 날이 있었다. 지금은 대학생이 되면 어른이다. 옛날에는 어른이 되면, 남자는 갓을 쓰고 여자는 비녀를 꽂았다. 이렇게 머리를 올려야만 어른이다. 남자가 어른이 되는 날을 관례, 여자가 어른이 되는 날을 계례라고 했다. 이 날에는 잔치를 하는 것처럼 친척들이랑 이웃 사람들이 와서 보았다.

갓과 비녀

기억에 남는 점. 우뚝 솟은 장승

한국인의 일상 전시실에 들어갈 때 왼쪽에 서 있었던 장승이 제일 기억에 남는다. 갑자기 불쑥 서 있어서 깜짝 놀랐기 때문이다. 장승의 얼굴은 무섭기도 하고 웃기기도 했다.
장승은 마을과 사람들을 지켜주는 수호신이라고 했다.
우리 아파트 입구에도 있었으면 좋겠다.

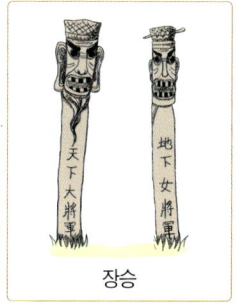
장승

●● 견학 후 느낀 점

박물관에 물건들이 너무 많아서 기억이 다는 안 난다. 조상들에 대한 것이 다 있었던 것 같다. 옛날 생활과 지금 생활 중에서 나는 지금이 좋다. 옛날로 가면 왠지 일을 많이 해야 할 것 같기 때문이다.

4. 조상들은 어떤 신을 믿었을까? 건들바우박물관

우리 조상이 믿었던 신들은 무척 많아요. 산에 사는 산신령부터 아기를 돌보아 주는 삼신할머니 등 생활 곳곳에 신들을 모셨지요. 건들바우박물관을 견학한 후에, 조상들이 믿었던 신들과 관련된 물건들을 중심으로 써 봅니다.

제목	옛날옛날에 살던 신들	보고자	이영성
		견학장소	건들바우박물관

견학하게 된 동기

그리스로마신화를 읽다가 우리 나라에도 신들이 있나? 하는 질문이 생겼다. 엄마한테 여쭤 보니 우리도 신이 많다고 했다. 그래서 찾아보니 건들바우박물관에 우리 조상들이 믿던 신들이 있다고 해서 가 보았다.

박물관 소개

우리 조상들이 생활 속에서 흔히 믿었던 신들에 관한 것들을 모아 놓은 박물관이다. '건들바우'는 갓을 쓴 모양의 바위이다.
사람들이 이 바위를 신처럼 모시고 소원을 빌었는데, 그 근처에 박물관을 세워 이름을 그렇게 지었다.

신칼과 방울

⟨별나 박물관 별난 이야기⟩(산하) 참고

• • 견학을 통해 새로 알게 된 점, 기억에 남는 점

알게 된 점 1. 작은 장승, 벅수

벅수는 다른 말로 하면 장승이라고 할 수 있는데, 천하대장군이나 지하여장군보다 키가 작다. 그러니까 작은 장승이다. 돌로 된 것이 많다. 마을의 수호신이기도 하고, 길을 알려 주는 역할도 한다. 우리 나라 곳곳에 아주 많이 있다.

알게 된 점 2. 집 안에 있는 신들

우리 조상들은 집 안 곳곳에 신이 있다고 믿었다.

안방에는 '조상신', 대청에는 '성주', 부엌에는 '조왕신', 장독대 옆에는 '터주가리', 출입문을 지키는 '문신', 화장실의 '변소신', 우물이나 샘의 '용신'이 있다.

집에 이렇게 신이 많다고 생각하면 물건을 함부로 쓰지 않고 집도 깨끗하게 쓰는 마음이 들 것 같다.

기억에 남는 점. 할머니가 소원을 비는 칠성신

여러 신들의 그림 중에서 칠성신이 제일 기억에 남는다. 외할머니가 자주 말하는 신이어서 그렇다. 내가 아플 때 "칠성님, 우리 영성이 얼른 낫게 해 주세요." 하신다.

나는 칠성님이 한 분인 줄 알았는데, 일곱이나 되니 조금 놀랐다. 일곱이나 나를 도와주니까 내가 아파도 빨리 낫나 보다.

칠성신은 바로 북두칠성이다.

칠성신

• • 견학 후 느낀 점

우리 나라 신들도 유명해졌으면 좋겠다. 그리스로마신들은 외국의 신인데 우리도 다 안다. 그것처럼 우리 신들도 외국에 널리 퍼져서 외국 사람들이 그 이야기도 알고 생김새도 다 알게 되었으면 좋겠다.

5. 왕과 왕비가 쓰던 물건들
국립고궁박물관

옛날에는 왕이 가장 높은 사람이었어요. 그래서 쓰던 물건들도 모두 특별하고 멋있지요. 백성들은 쓸 수 없었답니다. 국립고궁박물관을 견학한 후에 왕실에서 쓰던 물건들과 궁궐에 있던 물건들이 무엇인지 써 봅니다.

제목	왕은 어떤 물건을 썼을까?	보고자	김보람
		견학장소	국립고궁박물관

견학하게 된 동기

경복궁에 가 보았더니 왕이 살던 집이랑 건물들은 많은데 그 안에 물건은 거의 없었다. 방이나 주변이 텅 비어 있는 것이었다.
그 물건들이 어디 갔나 찾아보니 고궁박물관에 다 있다고 해서 가서 보기로 했다.

박물관 소개

경복궁, 창덕궁, 덕수궁, 창경궁 등에 있던 유물과 물건들을 모두 모아 놓은 박물관이다.
궁중에서 쓰거나 만들어진 궁중 유물들을 볼 수 있다. 조선시대 왕실에 있던 물건들만 모아 놓았다.
12개의 전시실이 있다.

경복궁 근정전

www.gogung.go.kr

• • 견학을 통해 새로 알게된 점, 기억에 남는 점 • • • • • • • • • •

알게된 점 1. 여기 저기에 있는 용

용은 왕을 뜻하는 동물이라고 한다. 그래서 왕이 입는 옷에도 용이 있고, 왕이 사는 집 천장에도 용이 있다. 경회루 연못에서도 아주 긴 용 조각상이 나왔다.

연못 안에 용을 넣은 이유는 불이 나는 것을 막기 위해서이다.

알게된 점 2. 하늘의 지도

옛날 왕실엔 하늘의 지도가 있었다. 어떤 별자리가 어디에 있는지 그린 천문도이다. 돌에 새겨져 있었는데, 국보라고 한다. 그 이름은 "천상열차분야지도"이다. 1,467개의 별이 새겨져 있다. 세계에서 두 번째로 오래된 것이다.

우리 조상들이 얼마나 머리가 좋고 훌륭한지 알게 되었다.

기억에 남는 점. 옛날 왕이 탔던 자동차

옛날 우리 나라 왕과 왕비가 탔던 자동차가 기억에 남는다. 자동차는 요즘 사람들만 타는 건 줄 알았기 때문이다. 약간 마차 같기도 하고 지붕이 달린 네발자전거 같기도 했다. 바퀴가 얇아서 그런 느낌이 나는 것 같았다. 그런데 멋있었다.

이 자동차를 누가 운전했을까? 아마 운전사가 했을 것이다. 그럼 그 운전사는 누구한테 운전을 배웠을까? 궁금하다.

순종 임금님의 어차

• • 견학 후 느낀 점 • • • • • • • • • •

왕궁에서 살면 재미있을까? 왕궁은 넓으니까 좋을 것 같다.

왕궁에서 쓰던 물건들은 민속박물관에 있던 물건들과 아주 다르다. 민속박물관에는 농사 기구들이 많았는데, 왕궁에는 그런 게 하나도 없다. 왕이 되면 농사는 안 지어도 되기 때문이다.

6 꽃보다 아름다워~
한국자수박물관

알록달록 무늬가 있는 옷감도 아름답지만, 우아한 수가 놓여져 있는 옷은 품위가 있게 느껴져요. 한국자수박물관을 견학한 후에, 자수를 보았을 때의 느낌과 그 아름다움에 대해 써 봅니다.

제목	눈이 어질어질, 화려한 자수	보고자	김영민
		견학장소	한국자수박물관

견학하게 된 동기

엄마 제자누나가 보자기 같은 걸 선물로 주었다.
거기에 무늬가 새겨져 있어서 물어 보니 자수라고 했다. 전부 바느질을 해서 만든 거라고 했다.
내가 신기하게 보니까 엄마가 자수박물관에 데리고 가셨다.

박물관 소개

옛날 여자들이 만든 보자기와 자수가 많이 있다.
보자기는 네모난 천인데, 옛날에는 그것으로 물건을 쌌다. 자수는 예쁜 색실로 무늬를 수놓는 것이다.
한복이랑 한복 입을 때 다는 주머니, 장신구도 전시되어 있다.

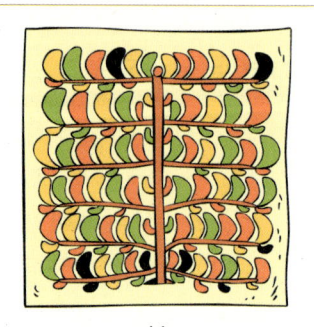
자수

www.bojagii.com

견학을 통해 새로 알게 된 점, 기억에 남는 점

알게 된 점 1. 왕과 왕비 옷에 있는 자수 무늬

옛날 왕과 왕비가 입는 옷에 있는 자수 무늬는 특별나다. 꼭 용과 봉황을 수놓았다. 용과 봉황은 상상 속의 동물이다. 왕과 왕비는 아주 높은 사람들이기 때문에 상상 속의 동물을 수놓은 것이라고 한다.

알게 된 점 2. 옛날 다리미, 다듬잇돌과 방망이

옛날 사람들도 다리미질을 했는데, 평평한 돌 위에 천이나 옷을 놓고 방망이 두 개로 두들기면서 폈다. 그 돌 이름이 다듬잇돌이다. 엄마 말씀이 옛날 엄마들은 속상한 일이 있을 때 다듬이질을 했다고 한다. 방망이를 세게 두드리면 스트레스가 풀리기 때문이다. 옛날에는 여자가 소리를 크게 지르거나 화를 낼 수 없었기 때문이다.

기억에 남는 점. 알록달록 보자기

누더기처럼 생긴 보자기들이 기억에 남는다. 그 이유는 못 쓰는 조각 천을 버리지 않고 다 이어서 썼기 때문이다. 그런데 아무렇게나 이은 게 아니라 색깔이랑 모양을 생각하면서 예쁘게 이었다. 그래서 이 보자기를 외국 사람들이 아주 좋아해서 엄청 비싸게 산다고 한다. 그 사람들은 우리 보자기가 훌륭한 예술품이라고 생각하기 때문이다.

보자기

견학 후 느낀 점

엄마도 옛날에 중학교 다닐 때 학교에서 자수를 배워서 조금 할 줄 안다고 하셨다. 나도 자수를 배우고 싶다. 그래서 내 옷에 가슴 있는 데 용 자수를 넣어서 멋진 옷을 만들고 싶다. 그러면 꼭 왕이 된 기분일 것 같다. 나중에 엄마한테라도 꼭 배워야겠다.

7

떡 하나 주면 안 잡아먹지~
떡 박물관

우리 민족의 대표 간식은 무엇일까요? 바로 떡입니다. 떡은 소화도 잘 되고 영양도 풍부해 여전히 많은 인기를 끌고 있어요. 떡 박물관을 견학한 후에, 여러 가지 떡의 종류와 떡을 만들 때 쓰던 도구에 대해 써 봅니다.

제목	100가지 모양과 100가지 맛의 우리떡	보고자	민지숙
		견학장소	떡 박물관

견학하게 된 동기

할아버지 생신 때 떡 케이크를 먹었는데, 꽤 맛있었다. 우리 떡은 그냥 쫄깃쫄깃한 줄만 알았는데 떡 케이크는 스폰지처럼 부드러웠다. 엄마가 우리떡에는 여러 가지 맛이 있다고 했다. 그래서 어떤 떡이 있는지 알아보기 위해 떡 박물관에 가 보았다.

박물관 소개

우리 조상들이 대대로 먹던 전통 음식과 떡의 역사가 소개되어 있다. 또 부엌에서 사용하는 도구들, 떡을 만드는 도구들이 전시되어 있다. 그리고 군침을 돌게하는 여러가지 떡이 모형으로 있다.
떡 만들기 체험도 할 수 있다.

떡메와 떡판

www.tkmuseum.or.kr

견학을 통해 새로 알게 된 점, 기억에 남는 점

알게 된 점 1. 아주아주 옛날부터 먹었던 떡

떡을 언제부터 만들어 먹었는지 정확하지는 않지만 아주아주 옛날부터 만들어 먹었다고 한다. 단군할아버지가 나라를 세우기 전부터 말이다. 그러니까 농사를 짓기 시작하면서 만들어 먹었다. 재료가 있어야 떡을 만들 수 있기 때문이다.

알게 된 점 2. 계절마다 다른 떡

떡은 거의 다 쌀로 만드는데 종류는 다 다르다. 봄에 먹는 떡, 여름에 먹는 떡, 가을에 먹는 떡, 겨울에 먹는 떡이 다 다르다. 그 계절에 나는 또 다른 재료도 섞기 때문이다. 봄에는 느티떡과 수리취떡, 쑥절편을 만들고, 여름에는 찰떡, 밀떡, 시루떡, 가을에는 송편, 국화전, 겨울에는 가래떡을 만들었다.

수리취떡, 시루떡, 송편, 가래떡

기억에 남는 점. 꽃산병 만들기 체험!

박물관을 다 보고 꽃산병 만들기 체험을 했다. 멥쌀가루를 반죽해서 만드는 떡이라고 했다. 반죽 색깔이 여러 가지였다. 분홍색, 쑥색, 노란색 등등. 반죽을 조금 떼어서 둥글납작하게 빚은 다음 떡살로 누르면 된다. 떡살은 수레바퀴 모양이다.

그 다음에 위에 작은 떡 방울을 붙이면 완성이다.

견학 후 느낀 점

떡은 먹는 것보다 만드는 게 더 재미있는 것 같다. 떡을 동글동글하게 만들어서 납작 눌러 떡살로 누른 다음 나온 모양을 볼 때 뿌듯했다. 떡살을 하나 사서 명절 때 내가 직접 꽃산병떡을 만들고 싶다.

2

역사의 숨결을 느껴 볼까?
찬란한 유산과 역사 박물관

1. 우리 나라를 빛내는 국보들이 한자리에~
국립중앙박물관

우리 역사상 가장 훌륭하고 위대한 보물들이 함께 모여 있는 곳이 있어요. 국립중앙박물관이에요. 아시아에서도 손꼽히는 박물관이지요. 국립중앙박물관을 견학한 후에, 시대에 따라 또는 주제에 따라 견학한 내용을 써 봅니다.

제목	우리 나라를 빛내는 국보들	보고자	서봉주
		견학장소	국립중앙박물관

견학하게된 동기

국립중앙박물관이 새로 지어져서 아주 좋고 멋있다는 이야기를 들었다. 그래서 우리 가족도 한번 가 보기로 했다. 그 곳에 가면 우리 나라 역사와 문화재를 모두 알 수 있다고 했다. 특히 나랑 동생은 체험을 할 수 있는 어린이박물관에 가기로 했다.

박물관 소개

우리 나라에서 가장 크고 아시아에서도 손꼽히는 박물관이다. 이곳에 있는 국보와 보물, 유물들은 모두 합해 10만 개도 넘는다. 우리 나라 역사가 다담겨 있다고 생각하면 된다.
　어린이박물관도 있어서 어린이들은 그 곳에서 체험을 할 수 있다.

말 탄 사람 토기

www.museum.go.kr

견학을 통해 새로 알게 된 점, 기억에 남는 점

알게 된 점 1. 고구려 무덤 속

어떤 방에 갔더니 고구려 무덤 속이랑 똑같이 해 놨다. 진짜 무덤 속처럼 어두웠다. 무덤 속에는 그냥 시체만 있는 줄 알았는데 집처럼 장식도 있고 벽에 그림도 있다. 벽에 있는 그림들은 드라마 '태왕사신기'에서 본 거다. 그건 사신도이다.

알게 된 점 2. '금동 미륵 보살 반가 사유상' 이름에 담긴 뜻

옛날 우리 조상들은 불교를 믿어서 부처님상이랑 탑이 많다. 그 중에 '금동 미륵 보살 반가 사유상'에 대해 자세히 알게 되었다. '반가'는 오른쪽 다리를 왼쪽 위에 얹고 앉은 자세이다. 그리고 '사유'는 생각이다. 그러니까 부처님이 무언가를 깊이 생각하는 모습을 조각한 것이다. 그리고 이 부처님의 이름은 '미륵 보살'이다. 미륵 보살은 다음 세상에 나타날 부처님이다.

금동 미륵보살 반가 사유상 - 국보 78호

기억에 남는 점. 옛날 사람들이 살던 집, 움집 체험

어린이박물관이 기억에 남는다. 특히 옛날 사람들이 살던 움집 속에 들어갔을 때 조금 신기하고 기분이 이상했다. 움집은 지금처럼 방은 없지만, 그 안에서 잠도 자고 물건도 만들고 음식도 만들어 먹었다. 이런 집에서 살면 자유로울 것 같다. 그리고 가족들이 더 친하게 지낼 수 있을 것 같다.

견학 후 느낀 점

박물관이 너무 커서 몇 군데만 보았다. 한 세 번 정도 와야 다 볼 수 있을 것 같다. 하루에 다 보려면 다리도 아프고 시간도 별로 없다. 한두 군데만 보는 것도 좋을 것 같다. 대충 많이 보는 것보다 하나라도 자세히 보는 게 더 도움 되기 때문이다.

2. 신라의 천 년 역사를 한눈에~
국립경주박물관

고대 왕국 신라의 수도는 경주였어요. 그래서 지금도 경주에 가면 신라의 숨결을 느낄 수 있답니다. 국립경주박물관을 견학한 후에 신라 시대 무덤 안에 있던 물건들과 다른 유물들에 대해 써 봅니다.

제목	신라의 천 년 역사를 찾아서

보고자 | 나신희
견학장소 | 국립경주박물관

견학하게 된 동기

불국사와 석굴암을 보러 경주에 갔다가 박물관도 가 보았다. 박물관에 진짜 에밀레종이 있다고 했기 때문이다. 전에 에밀레종 이야기를 읽었는데 아기를 종에 넣었다는 이야기였다. 그래서 언젠가 꼭 보고 싶었다.

박물관 소개

신라의 역사는 1000년이나 되고 수도가 바로 경주였다. 그래서 특히 경주에 많은 유물이 있는데 그걸 발굴해서 경주박물관에 갖다 놓았다.

이양선 박사님이, 직접 수집한 신라의 문화재들을 모두 기증했다.

얼굴 무늬 수막새

gyeongju.museum.go.kr

견학을 통해 새로 알게 된 점, 기억에 남는 점

알게 된 점 1. 황룡사가 사라진 이유

　신라 시대에 엄청 크고 화려한 절이 있었다. 황룡사이다. 박물관에는 황룡사를 작게 만든 모형이 있는데, 가운데 9층탑도 있다. 황룡사가 사라진 이유는 고려 때 몽고가 침입했을 때 불에 탔기 때문이다. 몽고한테 물어내라고 말해야 할 것 같다.

알게 된 점 2. 에밀레종의 진짜 이름

　에밀레종 이야기를 들었을 때 그 종이 좀 작은 종인줄 알았다. 아기가 들어갔다고 해서 그냥 그런 생각이 들었는데, 실제로 보니까 꽤 컸다. 우리 나라에서 가장 큰 종이라고 했다. 겉에 선녀가 하늘로 날아가는 무늬가 있었는데 아름다웠다.

　에밀레종의 진짜 이름도 알게 되었다. 바로 '성덕대왕 신종'이다.

성덕대왕 신종

기억에 남는 점. 금으로 만든 칼집

　금으로 만든 왕관이랑 귀고리, 칼집 등이 기억에 남는다. 신라 사람들은 금을 좋아했던 것 같다. 번쩍번쩍하고 화려하니까 그랬을 것이다. 그 중 칼집이 있었는데 이건 신라 사람이 만든 것이 아니고 외국에서 온 거라고 했다. 그때도 외국 사람들과 만났다니 신기했다. 그 사람은 누구한테 이 칼을 준 것일까? 그리고 안에 있던 칼은 어디로 간 걸까? 나중에 고고학자가 되어서 꼭 밝혀 보겠다.

견학 후 느낀 점

　신라 사람들은 어떤 마음을 가진 사람들이었을까? 내 생각에는 밝고 착한 마음을 가졌을 것 같다. 집을 지을 때 지붕에 얹는 기와를 막는 수막새라는 것이 있었는데 표정이 웃는 표정이었다.

　아마 신라 사람들이 잘 웃어서 그렇게 만든 것 같다.

3. 백제 역사가 다시 한 번 빛나던 시절~ 국립공주박물관

고대의 세 왕국 중 백제는 수도를 세 번 바꿉니다. 위례성(서울) - 웅진(공주) - 사비(부여)입니다. 이 중 웅진에서 백제는 또 한 번 발전하지요. 웅진을 발전시킨 왕은 무령왕이에요.

국립공주박물관을 견학한 후에 무령왕릉에서 나온 유물들을 중심으로 써 봅니다.

제목	1300년 전 왕의 무덤	보고자	백성주
		견학장소	국립공주박물관

견학하게 된 동기

공주 외가댁에 갔다가 외삼촌이랑 외사촌들이랑 무령왕릉에 가 보았다. 무령왕은 백제를 또 한번 강하게 만든 왕이다. 그런데 진짜 무덤은 아니고 똑같이 만든 무덤이었다. 그걸 보고 무령왕릉에서 나온 유물들을 보기 위해 공주박물관에 갔다.

박물관 소개

공주의 옛날 이름은 웅진이다. 웅진은 백제의 두 번째 수도이다. 그래서 웅진에 있을 때 백제 사람들이 남긴 유물들이 공주박물관에 전시되어 있다. 특히 무령왕릉에서 나온 유물들이 모두 있다.

전시실은 모두 4곳이다.

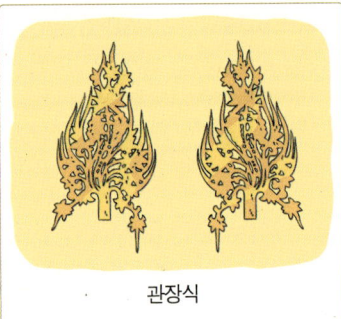

관장식

gongju.museum.go.kr

견학을 통해 새로 알게 된 점, 기억에 남는 점

알게 된 점 1. 죽은 사람에 대해 알려 주는 돌

처음에 무령왕릉을 발견했을 때, 처음부터 그게 무령왕의 무덤인 줄 안 건 아니다. 어떻게 알았냐 하면 무덤의 관 앞에 있던 '지석'이라는 돌을 보고 알았다. 그 돌에 무령왕에 대한 것이 적혀 있었다.

알게 된 점 2. 무령왕은 어떤 왕일까?

무령왕에 대해서 알게 되었다. 무령왕은 백제를 다시 강하게 만든 왕이다. 무령왕 전에 백제는 고구려에게 당하고 있었는데, 무령왕이 왕이 되고 나서 백제 군사들을 강하게 만들어 고구려가 괴롭히지 못하게 하였다. 그래서 무령왕이 죽고 나서 백성들이 멋진 무덤을 만든 것이다.

무령왕과 왕비의 관

기억에 남는 점. 1000명의 부처님을 새긴 비석

이름도 긴 '계유명삼존천불비상'이라는 비석이 제일 기억에 남는다. 가운데 부처님이 세 명이 있고, 그 주위에 또 가득 있다. 좀 작게 새겨진 불상들인데, 거의 1000개라고 한다. 이건 백제 사람들이 만들었는데, 백제 시대에 만든 건 아니고 신라가 통일을 해서 백제가 멸망한 다음에 만들었다고 한다. 자기 나라가 망해서 슬프고 또 무척 속상했을 것 같다.

견학 후 느낀 점

왕의 무덤 안을 이렇게 자세히 본 적은 처음이다. 그때 백성들이 무령왕을 얼마나 좋아하고 존경했는지 조금 알 것 같다. 보물들도 다 같이 묻고, 또 무덤도 크고 누구 이름인지도 다 적은 걸 보면 말이다.

이렇게 훌륭한 왕이 우리 나라에 있었다는 것이 참 자랑스럽다.

4 세상에서 가장 훌륭한 임금님! 세종대왕기념관

세종대왕은 우리 역사상 가장 위대한 왕입니다. 우리 글을 만들었을 뿐만 아니라 천문, 지리, 농사, 음악 등 모든 분야에서 큰 업적을 남겼지요.

세종대왕기념관을 견학한 후에, 세종대왕 시절에 만들어진 물건들과 또 위대한 한글에 대해 써 봅니다.

제목	세상에서 가장 훌륭한 임금, 세종대왕!	보고자	이도진
		견학장소	세종대왕기념관

견학하게 된 동기

세종대왕을 모르는 어린이는 한 명도 없을 것이다. 세종대왕은 태종 이방원의 셋째 아들이었는데 책도 많이 읽어 똑똑하고, 백성들을 사랑하는 마음이 깊어 왕이 되었다. 그 세종대왕이 어떤 위대한 업적을 남겼는지 직접 가서 확실히 알아보기로 했다.

박물관 소개

세종대왕이 남긴 업적을 한눈에 볼 수 있다. 세종대왕이 왕이었을 때 한 일들과, 세종대왕 때 펴낸 책과 과학 자료들, 국악을 연주하는 악기들 등이 있다. 세종대왕 일대기실, 한글실, 과학실, 국악실이 있다.

특히 세종대왕 일대기실에는 세종대왕의 업적을 그린 그림들이 있다.

훈민정음

www.sejongkorea.org

견학을 통해 새로 알게 된 점, 기억에 남는 점

알게 된 점 1. 한글의 첫 이름, 훈민정음

세종대왕이 한글을 만들었을 때 그 이름은 '한글'이 아니었다. 처음 알았다. 그 이름은 훈민정음이다. 뜻은 '백성을 가르치는 바른 소리'이다. 뜻이 좋다. 세종대왕은 백성들을 무척 사랑했던 것 같다.

알게 된 점 2. 물의 높이를 재는 수표

수표는 강이나 시내의 물높이를 재기 위해 만든 것이다. 돌기둥에 물의 높이만큼 눈금을 새겼는데, 눈금이 올라가면 물이 언제쯤 넘칠지 예측할 수 있다. 이걸 예측하게 되면 홍수가 나는 걸 예방할 수 있다. 이렇게 미리 대비하면 피해를 줄일 수 있다. 세종대왕의 자상한 마음이 느껴졌다.

수표

기억에 남는 점. 주시경 선생님 무덤

기념관 마당에 비석이 있어서 가 보았더니 "주시경 스승의 무덤"이라고 써 있었다. 한글학자 주시경 선생님이 묻혀 있는 무덤이었다. 주시경 선생님에 대해서는 전에 책에서 읽은 적이 있다. 일제시대가 되기 전부터 우리 말과 글을 보호하기 위해 연구도 하고 가르치기도 했다. 이 선생님이 없었으면 세종대왕이 만든 위대한 한글이 사라졌을지도 모른다.

견학 후 느낀 점

세종대왕은 한 일이 너무 많으시다. 그래서 다 기억도 못 하겠다. 어떻게 이렇게 많은 일을 할 수 있을까? 얼마나 똑똑하면 그럴 수 있는지 궁금하다. 책을 아마도 만 권도 넘게 읽었을 것 같다. 한글실에 가 보면 옛날 책이 참 많이 있는데 어른이 되면 그걸 읽어 보아야겠다.

5. 이순신 장군의 혼이 있는 곳, 현충사

임진왜란을 승리로 이끈 장군은 누구인가요? 여럿 있는데 그 중 이순신 장군이 가장 많은 존경을 받고 있지요. 12척의 배로 수백 척의 왜군을 무찌른 명량해전은 대단했어요.

현충사를 견학한 후에 충무공 이순신 장군에 대한 이야기와 그 업적을 써 봅니다.

제목	성웅 이순신 장군의 애국심	보고자	강태민
		견학장소	현충사

견학하게 된 동기

내가 제일 존경하는 위인은 바로 이순신 장군이다. 일본이 우리나라를 침입했을 때 용감히 싸웠다. 더 훌륭한 것은 거북선을 만들어서 일본을 무찔렀다는 것이다. 더 자세히 알아보기 위해 현충사에 가 보았다.

박물관 소개

1706년에 세워진 사당이다. 그런데 1707년에 '현충사'가 되었다. 이순신 장군은 나라를 구한 분이기 때문에 사당보다 더 높인 것이다. 사람들이 현충사에 와서 이순신 장군의 애국심을 본받으라고 말이다.

현충사

이순신 장군이 살던 집도 있고, 활을 쏘고 무예를 익히던 곳도 있다.

www.hcs.go.kr

●● 견학을 통해 새로 알게 된 점, 기억에 남는 점

알게 된 점 1. 칼에 있는 글의 뜻

이순신 장군의 칼에는 글이 새겨져 있다. 직접 쓴 거라고 한다. 한자로 써 있는데, 우리말로 풀어 말하면, "석 자 되는 칼로 하늘에 맹세하니 산과 물이 떨고 한번 휘둘러 쓸어버리니 피가 강산을 물들인다."이다. 뭔가 멋있다.

알게 된 점 2. 이순신 장군의 일기

이순신 장군은 전쟁을 하는 중에 일기를 썼다. 그 일기의 제목은 '난중일기'이다. 아직까지 남아 있다는 게 신기하다. 그냥 평소에도 매일 일기를 쓰는 게 힘든데, 어떻게 전쟁 때 일기를 꼬박꼬박 쓸 수 있을까. 이순신 장군에게서는 본받을 게 무척 많은 것 같다.

참, 그 전쟁은 임진왜란이다.

기억에 남는 점. 이순신 장군의 칼

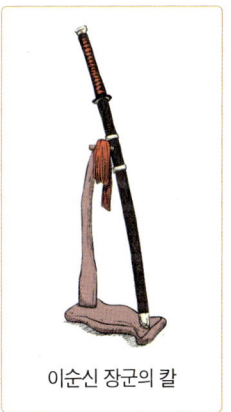

이순신 장군의 칼

이순신 장군이 쓰던 긴 칼이 계속 머릿속에 남는다. 칼은 지금 있는데 이순신 장군은 안 계시니까 기분이 이상하다.

옛날에 아빠가 《칼의 노래》라는 책을 읽는 걸 본 적이 있는데, 무슨 칼이냐고 했더니 이순신 장군의 칼이라고 했다. 다른 사람들도 나처럼 이순신 장군의 칼에서 감동도 받고 뭔가를 느끼는 것 같다. 내가 책을 쓰면 《칼의 눈물》이라고 제목을 짓겠다.

●● 견학 후 느낀 점 ●●

이순신 장군은 아무리 생각해도 훌륭하다. 어떻게 그렇게 용감한지 모르겠다. 적이 아주 많이 쳐들어왔는데, 도망가거나 겁 내지 않고 맞서 싸웠다. 또 이겼다. 거북선도 만들었는데, 이걸 보면 이순신 장군은 머리도 정말 좋은 것 같다.

6 외적에 맞서는 용기! 강화역사관

옛날에 우리 나라를 침범했던 나라들이 있어요. 몽고, 일본, 미국, 프랑스 등 여럿 있지요. 우리 조상들은 이들에 맞서 어떻게 싸웠을까요? 강화역사관을 견학한 후에, 우리 조상들이 치른 전쟁과 무기에 대해 써 봅니다.

제목	외적에 맞서 물러서지 않는 용기!	보고자	유미영
		견학장소	강화역사관

견학하게 된 동기

해인사에 갔을 때 팔만대장경에 대한 이야기를 들었다. 옛날에 몽고가 우리 나라에 쳐들어왔을 때 물리치기 위해 그걸 만들었고, 또 몽고랑 강화도에서 처음 싸웠다고 말이다.
그래서 이번에 강화도에 한번 가 보았다.

박물관 소개

강화도는 외적이 쳐들어올 때 꼭 거치게 되는 곳이다. 그래서 조상들이 강화도에 성을 쌓고 용감하게 맞서 싸웠다. 고려시대에는 몽고, 조선시대에는 미국과 프랑스에 맞섰다.

홍이포

이런 뜻 깊은 역사를 알려 주기 위해 강화역사관을 세웠다. 대포와 칼 총과 같은 전쟁에 쓰던 무기들이 많이 있다.

ghm.incheon.go.kr

견학을 통해 새로 알게 된 점, 기억에 남는 점

알게 된 점 1. 프랑스와 미국이 쳐들어온 일

프랑스와 미국은 우리랑 친한 줄 알았는데 옛날에 우리 나라에 쳐들어온 적이 있었다. 그 전투의 이름은 병인양요(프랑스), 신미양요(미국)이다.

이 얘기를 들었을 때 프랑스와 미국이 좀 싫어졌다.

알게 된 점 2. 단군할아버지를 모신 곳

우리 나라를 세운 사람은 단군할아버지이다. 강화도에는 단군할아버지가 하늘에 제사를 올리던 첨성단이라는 곳이 있다. 아주아주 옛날 사람들은 하늘의 신을 믿었다는 걸 알게 되었다. 단군할아버지가 정말 있었던 사람이구나 생각하니 약간 떨렸다. 그럼 곰이랑 호랑이 이야기도 다 사실인가 보다.

첨성단

기억에 남는 점. 400년 된 나무

강화역사관에서 나오면 뒤쪽에 어떤 큰 나무가 있다. 아주 크다. 400년 전에 심은 나무라고 한다. 탱자나무인데 외적의 침입을 막기 위해서 심었다고 한다.

나무를 보니 이상한 기분이 들었다. 나무도 우리 조상들과 함께 외적에 맞서 싸웠다고 상상하니까 든든한 느낌이 들었다. 나무에 가시가 있어서 외적들이 잘 못 왔을 것이다.

견학 후 느낀 점

만약 강화도가 없었으면 어떻게 되었을까 생각해 보았다. 생각만 해도 오싹하다. 그럼 외적이 우리 나라를 바로 침입해서 많은 사람들을 죽였을 테니까 말이다. 강화도는 작은 섬이지만 소중한 섬이다. 내 생각에는 단군할아버지가 이 섬을 보호하는 것 같다.

7. 일제를 향한 우리 겨레의 함성! 독립기념관

우리 나라가 일본에게 36년 동안 지배를 받았던 일, 알고 있나요? 그때 우리 조상들은 매우 끈기있게 독립운동을 했답니다. 독립기념관을 견학한 후에, 우리 조상들의 독립운동에 대해 써 봅니다.

제목	일제를 향한 우리 겨레의 함성	보고자	김철수
		견학장소	독립기념관

견학하게 된 동기

광복절에 우리 선조들이 독립운동을 한 이야기들이 텔레비전에 나왔다. 유관순 누나만 알고 있었는데 무척 많았다. 그래서 그런 내용을 더 자세히 알아보기 위해 천안에 있는 독립기념관에 가 보기로 했다.

박물관 소개

우리 국민들이 직접 돈을 모아 만든 기념관이다. 모두 7개의 전시관이 있다. 민족전통관, 겨레의 시련, 나라지키기, 겨레의함성, 독립전쟁관, 새나라세우기, 대한민국임시정부관이다. 독립운동의 역사와 일본이 우리 나라를 괴롭힌 모습, 3.1 운동에 대한 것, 독립군과 임시정부의 활약을 알 수 있다.

겨레의 탑

www.i815.or.kr

견학을 통해 새로 알게 된 점, 기억에 남는 점

알게 된 점 1. 3·1운동을 모두 보여 주는 겨레의 함성관

여기서 3·1운동에 대해 자세히 알게 되었다. 알고 보니 그때가 바로 고종황제가 돌아가셨을 때였다. 사람들은 고종황제의 장례식에 왔다가 3·1운동을 하는 걸 알고 다 모이게 된 것이다. 아주아주 많은 사람들이 이 운동을 했다. 크게 감동을 받았다.

알게 된 점 2. 광개토대왕릉비

공원에 아주 큰 돌기둥 같은 게 있어서 가 보았더니 '광개토대왕릉비'라고 돼 있었다. 광개토대왕이 고구려의 왕이라는 건 알고 있었는데, 이런 비석이 있는 줄은 몰랐다. 아들 장수왕이, 아버지가 고구려의 땅을 아주 많이 넓혀서 그걸 기념해서 만든 거라고 한다. 그런데 진짜는 중국에 있고 독립기념관에 있는 것은 본떠서 만든 것이다.

광개토대왕릉비

기억에 남는 점. 생생한 밀랍인형 독립투사들

가는 곳마다 깜짝깜짝 놀라면서 보았는데, 그 이유는 밀랍인형들이 꼭 진짜처럼 있었기 때문이다. 일본이랑 우리가 싸우는 모습, 고문을 받거나 감옥에 갇힌 모습, 일본 경찰들이 우리 백성들을 괴롭히고 때리는 모습들이 있었다. 독립운동가들도 진짜 사람처럼 있었다. 이런걸 눈으로 직접 보니까 더 생생한 느낌이었다.

견학 후 느낀 점

전시관이 많아서 다 보는 데 시간이 많이 걸렸다. 거의 3시간이나 걸렸다. 다리도 좀 아프고 피곤했지만 다 기억이 난다. 일본이 더 밉다. 아주 나쁘다. 독립운동가들을 고문도 하고 감옥에도 가두었다. 고문은 진짜 심하다. 고문하는 모습은 끔찍하고 무서웠다. 그래서 하나만 보고 눈감고 얼른 나왔다.

3

놀면서 배우기, 배우면서 놀기

놀이와
과학 박물관

1 떠들어도 되고, 놀아도 돼요! 삼성어린이박물관

어린이만을 위한 박물관은 없을까요? 맘껏 놀 수 있는 박물관 말이에요. 삼성어린이박물관이 그런 곳이랍니다. 삼성어린이박물관을 견학한 후에, 재미있는 과학 놀이나 미술 놀이 등에 대해 써 봅니다.

제목	뭐든 몸으로 하는 박물관	견학일	7.23
		견학장소	삼성어린이박물관

견학하게 된 동기

박물관에 가면 보통 얌전히 보기만 해야 하는데, 아예 처음부터 어린이들이 맘껏 만지고 뛰어놀 수 있는 박물관이 있다고 해서 가 보았다. 바로 삼성어린이박물관이다. 얼마나 재미있고 신나는 박물관인지 무척 기대되었다.

박물관 소개

우리 나라 최초의 어린이박물관이다. 전시물을 모두 직접 몸으로 느끼고 만질 수 있다. 처음부터 끝까지 다 체험할 수 있다.

인체체험, 과학탐구, 어린이방송국, 미술 체험 등을 할 수 있다. 전시실은 2층부터 4층까지이다.

어린이 놀이 체험

kids. samsungfoundation.org

견학을 통해 새로 알게 된 점, 기억에 남는 점

알게된 점 1. 뼈가 보이는 자전거

어떤 자전거에 타서 페달을 돌리니까 바로 옆에서도 누군가 자전거를 타고 있는 게 보였다. 바로 뼈였다. 깜짝 놀랐다.

뼈랑 뼈 사이는 관절로 이어져 있었다. 무릎, 손목, 팔꿈치가 모두 관절이다.

알게된 점 2. 여기 저기 있는 힘

3층 떼굴떼굴 놀이터에서 중력갈때기로 실험을 하면서 힘에 대해 조금 알게 되었다. 지구가 우리를 잡아당기는 힘인 중력, 구슬 같은 것이 뱅글뱅글 돌 때 밖으로 날아가려고 하는 원심력, 안으로 가려고 하는 구심력이 있다. 힘은 내가 느끼지 못해도 여기 저기에 있다.

기억에 남는 점. 나도 아나운서가 되어 볼까?

어린이방송국실에서 가수처럼 노래한 것이 기억에 남는다. 나도 연예인들처럼 텔레비전에 나가서 연기도 하고 노래도 하고 싶었는데 소원을 풀었다. 나중에는 뉴스도 해 보고 어떤 '조정실'이라는 곳에 가서 찍고 있는 걸 화면으로 보기도 했다.

방송국 마이크와 방송용 촬영 카메라

견학 후 느낀 점

박물관에 딱 들어가니까 조금 시끄러웠다. 먼저 온 아이들이 놀고 있었기 때문이다. 다른 박물관이랑 다르게 만지고 해 볼 수 있어서 나랑 민영이도 얼른 달려가서 함께 이것도 하고 저것도 하고 다 해 보았다.

그러니까 꼭 박물관이 아니라 놀이터에서 놀다 온 기분이었다.

2 에디슨도 울고 갈 발명품들의 집, 별난물건박물관

우리 생활을 편리하게 해 주는 물건들이 있어요. 이 중에서 아주아주 기발하고 상상력 넘치는 발명품들이 한자리에 모였지요. 바로 그 별난물건박물관을 견학한 후에, 특이하고 재미있는 발명품들 중심으로 써 봅니다.

| 제목 | 별난 물건, 별난 박물관 | 견학일 | 7.28 |
| | | 견학장소 | 별난물건박물관 |

견학하게 된 동기

어린이신문을 읽다가 미래 발명품 기사를 보았다. 그걸 읽은 다음부터 뻔한 물건 말고 보고만 있어도 입이 벌어지는 물건 말이다. 그런 물건을 찾아 별난물건박물관에 가 보기로 했다.

박물관 소개

전쟁기념관 안에 있다. 전 세계의 기발한 발명품들이 전시되어 있는데, 몇 개월 지나면 새로운 것으로 바뀐다. 그래서 자꾸 가도 안 질린다.

처음에는 컴퓨터 회사에서 일하는 직원들이 외국으로 출장을 갈 때마다 사 온 물건들을 전시하면서 시작되었다.

대형 선글라스

www.funigue.com

• • 견학을 통해 새로 알게 된 점, 기억에 남는 점

알게 된 점. 발명과 발견의 차이점

발명과 발견은 다른 것이다. 발명은 없던 물건을 새로 만든 것이고, 발견은 원래는 있었는데 사람들이 몰랐던 것을 찾는 것이다. 그러니까 박물관에 있는 별난 물건들은 다 발명된 거다.

기억에 남는 점 1. 방귀대장 슬리퍼

슬리퍼를 신었는데 방귀소리가 뿡뿡 나면 정말 웃길 것 같다. 가만히 있을 때는 괜찮다가 걸을 때 또 소리가 뿡뿡 난다. 방귀 소리 슬리퍼는 집에 싫어하는 사람이 왔을 때 쓰면 좋겠다. 그 사람은 방귀 소리가 나면 부끄러워서 얼른 집에 갈 것이다.

기억에 남는 점 2. 발로 밟아서 연주하는 대왕건반

피아노는 손가락으로 치는데 대왕건반은 발로 밟아서 연주한다. 어찌나 큰지 도에서 레를 갈 때는 쉬운데 도에서 미를 갈 때는 팔짝 뛰어야 한다. 그래서 혼자는 연주하기 힘들고 가족이나 친구랑 함께 연주해야 한다. 동생이랑 나랑 엄마랑 같이 연주했는데 엄청 웃겼다. 박자를 못 맞추니까 더 웃겼다.

대왕 피아노

• • 견학 후 느낀 점

이 세상엔 재미있는 사람들이 참 많은 것 같다. 재미있는 사람들은 생각도 재미있고 물건도 다 재미있다. 물론 이건 내 생각이다.

또 성격이 특이한 사람은 특이한 물건을 만들 것 같다. 별난물건박물관에 있는 발명품들을 만든 사람들을 만나 보고 싶다.

3 상상력이 넘치는 세계, 한국만화박물관

옛날 어른들이 즐겨 보던 만화에는 어떤 것들이 있었는지 알고 있나요? 요즘에는 학습만화가 큰 인기인데 옛날 만화와 어떻게 다를까요? 한국만화박물관을 견학한 후에 만화의 종류와 우리 나라의 만화가, 만화를 만드는 법 등에 대해 써 봅니다.

제목	어린이의 영원한 친구, 만화	견학일	8.2
		견학장소	한국만화박물관

견학하게 된 동기

TV에서 만화만 나오면 다 본다. 특히 케로로 만화가 재미있다. 그런데 이건 일본 만화이다. 그럼 우리 만화에는 무엇이 있을까? 또 만화는 어떻게 만들까? 우리 만화에 대해 알아 보기 위해 만화박물관에 가 보았다.

박물관 소개

우리 나라 만화의 역사를 한눈에 볼 수 있다. 만화책과 주인공들, 또 만화가들에 대해 설명도 되어 있다. 그리고 만화를 만드는 과정도 알 수 있고, 인기 만화도 볼 수 있다.

또 체험관에서는 3D 입체만화 영화도 볼 수 있고, 캐릭터 버튼 같은 것도 만들 수 있다.

이상무의 〈우정의 마운드〉

www.comicsmuseum.org

• • 견학을 통해 새로 알게 된 점, 기억에 남는 점

알게 된 점 1. 여러 가지 만화의 종류

만화는 그냥 만화책이나 만화영화에 나온 것만 있는 줄 알았는데 종류가 꽤 많았다. 캐리커처, 카툰, 애니메이션, 시사만화, 코믹스가 있다. 이 중에서 내가 보는 만화는 애니메이션이랑 코믹스였다. 그리고 신문에 나오는 만화는 카툰이랑 시사만화이다.

알게 된 점 2. 만화를 보던 가게

옛날에는 만화를 보던 가게가 있었다. 그러니까 내가 태어나기도 전에는 사람들이 만화가게에 가서 만화책을 직접 보았다. 지금도 이런 곳이 있다고는 하는데 우리 동네에는 없다. 하나 생기면 얼마나 좋을까? 그럼 보고 싶은 걸 다 빌려서 볼 수 있으니까 말이다. 만화를 좋아하는 사람들이랑 함께 만화를 보면 더 재미있을 것 같다.

옛날 만화가게

기억에 남는 점. 나만의 캐릭터 버튼 만들기

박물관 안에 체험교실이 있어서 해 보았다. 캐릭터 버튼을 만들었는데, 선생님이 나눠 준 종이에 우리 집 강아지 '또치'를 좀 귀엽게 그렸다. 선생님이 이걸 캐릭터 버튼으로 만들어 주셨다. 아주아주 귀여웠다. 또치 목에 걸어주기로 했다.

• • 견학 후 느낀 점

만화는 나의 친구이다. 그런데 내가 아는 만화는 정말 적었었다. 만화가 이렇게 다양한 줄 몰랐다. 또 엄마는 만화를 별로 안 좋아하는데, 만화를 좋아하는 어른도 많고, 유명하고 훌륭한 만화가들도 많다.

만화박물관도 있는 걸 보면 만화도 좋은 점이 아주 많은 것 같다.

4 오, 필승 코리아! 2002FIFA월드컵기념관

2002년 한·일 월드컵은 온 국민이 함께 한 즐거운 축구 축제였어요. 우리 국가대표팀이 4강까지 진출했지요. 이런 분위기를 월드컵기념관을 견학한 후에, 월드컵의 역사와 우리 축구대표팀의 활약 등에 대해 써 봅니다.

제목	2002년 월드컵 때 무슨 일이 있었을까?	견학일	8.7
		견학장소	월드컵기념관

견학하게 된 동기

2002년에 나는 3살이었다. 그래서 월드컵에서 우리 대표팀이 축구를 잘하는 걸 직접 보지 못했다. 엄마는 보았다고 하는데 기억이 안 난다. 그때 도대체 무슨 일이 있었던 걸까? 그 순간을 직접 느껴 보기 위해 월드컵기념관에 가 보았다.

박물관 소개

2002년에 우리 나라와 일본에서 월드컵이 함께 열렸는데, 그때 우리 나라가 4강에 올랐다. 그 사건은 너무 깜짝 놀랄 일이라 기념관을 지었다. 나 같은 후손들에게 우리 대표팀의 멋진 활약을 알려 주기 위해서이다.

상암 월드컵 경기장

www.worldcupmuseum.co.kr

견학을 통해 새로 알게 된 점, 기억에 남는 점

알게 된 점 1. 포르투갈, 이탈리아, 스페인을 모두 물리친 태극전사!

2002년에 우리 대표팀은 마치 용사 같았다고 한다. 축구를 아주아주 잘하는 나라들을 다 꺾었다. 본선에서는 포르투갈을 꺾어서 16강에 올랐고, 거기서 이탈리아를 꺾어서 8강에 올랐고, 다시 스페인을 꺾어서 4강에 올랐다. 정말 대단하다.

알게 된 점 2. 축구를 제일 잘하는 나라, 브라질

세상에서 축구를 제일 잘하는 나라는 어디일까? 나는 우리 박지성 선수가 있는 영국인 줄 알았는데, 브라질이다. 지금까지 월드컵에서 우승한 나라들을 다 조사해 보니까 브라질이 네 번이나 했다. 그러니까 브라질이 제일 축구를 잘하는 나라이다.

기억에 남는 점. 우승 트로피, 줄리메컵

기념관 가운데 우승 트로피가 있었다. 바로 줄리메컵이다. 그걸 보는 순간, 우리도 빨리 열심히 잘 해서 그걸 받았으면 좋겠다는 생각이 들었다.

그런데 지금 우승 트로피는 피파컵이다. 알고 보니 줄리메컵은 1930년부터 70년까지 썼고, 74년부터 지금까지는 피파컵을 우승팀에게 주고 있다.

피파컵도 멋있는데 줄리메컵이 좀더 근사하게 느껴졌다. 아마 여신이 있어서 그런 것 같다.

줄리메컵

견학 후 느낀 점

월드컵은 4년에 한 번씩 열리니까 좋은 점도 있고, 나쁜 점도 있다. 이번에 져도 다음에 잘하면 되는 것은 좋다. 그런데 이번에 잘했는데 다음부터 계속 못하면 차라리 안 하는 게 낫다. 아기였을 때 잘하고 컸을 때 못하면 그 사람은 계속 못하는 것만 보아야 하니까 엄청 속상할 것이다. 우리 대표팀이 내가 어른이 되었을 때 우승했으면 좋겠다.

5. 미래의 인간 친구 만나기, 부천로보파크

로봇을 집이나 학교에서 쓸 수 있다면 어떤 로봇이 필요한가요? 숙제를 도와주거나 청소를 해 주는 로봇이 있다면 참 좋을 거예요. 부천로보파크를 견학한 후에 기억에 남는 로봇, 신기한 로봇에 대해 써 봅니다.

제목	로봇 나라 구경	견학일	8.12
		견학장소	부천로보파크

견학하게 된 동기

지난번 텔레비전에서, 우리 나라에서 걷기도 하고 손가락도 움직이는 로봇이 발명되었다는 뉴스를 보았다. 그걸 본 후로 로봇에 관심이 생겼다. 로봇이 정말 사람이랑 비슷한지 알고 싶었다. 그래서 로보파크에 직접 가서 보기로 했다.

박물관 소개

여러 가지 로봇들이 전시되어 있다. 로봇들이 움직이기도 하고 일도 한다. 로봇 스포츠 센터에서는 운동을 하는 로봇을 볼 수 있고, 로보파크 실험실에서는 그림을 그리는 로봇을 볼 수 있다. 유비쿼터스 관에서는 전자칠판, 전자스케치북을 이용해 수업도 할 수 있고 그림도 그릴 수 있다.

로봇 뮤지엄

www.rovopark.org

견학을 통해 새로 알게 된 점, 기억에 남는 점

알게 된 점 1. 언제 어디서든 자유롭게 컴퓨터 하기

　유비쿼터스관에서 그 말의 뜻을 조금 알게 되었다. 그것은 "사용자가 시간과 공간에 얽매이지 않고 자유롭게 네트워크에 접속하여 정보를 주고받을 수 있는 정보통신환경"이라는 뜻이다. 예를 들어 유(U)-유치원에서는 전자스케치북에 그림을 그릴 수 있다.

알게 된 점 2. 우리 나라의 대표 로봇, 휴보

　우리 나라에서 만든, 사람을 닮은 로봇의 이름은 휴보이다. 이런 로봇을 휴머노이드 로봇이라고 부른다는 걸 알게 되었다. 사람처럼 걷고, 계단도 오르고, 가위 바위 보도 한다. 휴보를 더욱 발전시켜서 말도 하고 웃기도 하는 로봇이 발명되었으면 좋겠다.

휴보

기억에 남는 점. 춤추는 꼬마 로봇들

　어디서 음악이 들려서 가 보니 사람들이 무언가를 구경하고 있었다. 나도 가까이 가서 보았다. 작은 로봇들이 함께 춤을 추고 있었다. 동작들이 음악에 딱딱 맞았다. 세로로 길게 서기도 하고, 가로로 길게 서기도 했다. 또 팔을 위로 올리는 동작, 나란히 뻗는 동작도 자유자재로 했다. 귀여웠다. 집에서 강아지처럼 같이 살고 싶은 마음이 들었다.

견학 후 느낀 점

　우리 집에 로봇 몇 대가 있으면 얼마나 좋을까? 로보파크에 있는 로봇들을 보면서 그런 생각이 들었다. 로봇이 있으면 일도 대신해 주고, 나랑 매일 놀 수 있으니까 좋을 것 같다. 그 중에서 애완용 로봇, 제니보와 축구 로봇이 있으면 좋겠다. 그런데 우리 엄마한테 진짜 필요한 건 청소로봇일 것이다.

6. 어두운 바다를 비추는 불빛, 국립등대박물관

밤 바다를 보러 갔다가 멀리서 환한 불빛을 본 적 있나요? 바로 등대입니다. 이런 등대에 대한 모든 것을 전시한 곳이 있어요. 국립등대박물관을 견학한 후에 등대의 역사, 해양 개발의 역사 등을 써 봅시다.

제목	바다에서 길을 찾아 주는 등대	견학일	8.16
		견학장소	국립등대박물관

견학하게 된 동기

경주에 갔다가 포항에 들러 등대박물관에 가 보기로 하였다. 처음에는 반대했다. 등대에 대해 잘 몰라서 별로 호기심이 생기지 않았기 때문이다. 그래도 아빠가 자꾸 한번 가 보자고 해서 결국 찬성했다.

박물관 소개

실제 등대도 있고, 등대와 관련된 물건들도 있다. 그 물건들은 뱃길을 알려 주는 물건들이다. 도르래, 닻을 내리는 두꺼운 쇠사슬 등이다. 오래되고 중요한 등대들이 모형으로 전시되어 있다. 울릉도와 독도 모형도 있다. 배의 역사도 알 수 있고, 바다에서 하는 여러 가지 일들에 대해서도 알 수 있다.

아세칠렌 가스등명기 등롱

www.lighthouse-museum.or.kr

● ● **견학을 통해 새로 알게 된 점, 기억에 남는 점** ● ● ● ● ● ● ● ● ● ● ● ●

알게 된 점 1. 등대지기는 어디에서 살까?

    등대를 지키는 사람을 등대지기라고도 하고 등대원이라고도 한다. 나는 등대지기라는 말이 더 좋다. 그런데 이 등대지기는 등대 근처에 있는 집에 산다.
    등대지기가 되면 가족과 떨어져 살아야 하니까 많이 외로울 것 같다.

알게 된 점 2. 뱃길을 알려 주는 등부표

    마당에도 많은 전시물이 있는데, 그 중 등부표라는 것이 있다. 그것은 긴 쇠사슬과 닻이 바다 밑에 고정돼 있어 그 자리에서 움직이지 못하고 바다 위에 떠서 배가 암초에 부딪치는 것을 막고, 뱃길을 미리 알려 주기 위해 불빛을 밝히는 시설이다.

기억에 남는 점. 호랑이 지도

근역강상맹호기상도

    우리 나라를 호랑이처럼 그린 지도가 제일 기억에 남는다. 그 지도의 이름은 좀 긴데, '근역강상맹호기상도'이다. '맹호'는 '용맹스런 호랑이'라는 뜻이다. 호랑이가 중국을 향해 입을 쩍 벌리고 있는 지도이다. 이 지도에서 보면 박물관이 있는 포항은 꼬리 쪽이다.
    정확히 말하면 포항의 '장기곶'이라는 곳이다. 이 지도를 그린 사람은 우리 나라의 용맹한 모습을 보여 주고 싶었을 것이다.

● ● ● **견학 후 느낀 점** ● ● ● ● ● ● ● ● ● ● ● ●

    등대가 없으면 밤바다를 지나는 배들은 어디가 어딘지 구분이 안 될 것이다. 그럼 길을 잃고 제대로 집으로 돌아갈 수가 없다.
    지금도 우리 나라 바다를 비춰주는 등대에서 등대지기 아저씨들이 열심히 일을 하고 있을 것이다. 그 아저씨들이 참 좋은 일을 한다는 생각이 든다.

7 이렇게 즐거운 자연공부가?!
서대문자연사박물관

동물 박제를 직접 본 적이 있나요? 옛날 화석은요?
자연사박물관에 가면 이것들을 다 볼 수 있어요. 또 사라져가는 생물들도 볼 수 있고요.
서대문자연사박물관을 견학한 후에 기억에 남는 동물이나 식물, 진화의 모습 등을 써 봅니다.

제목	살아 있는 지구의 자연	견학일	8.20
		견학장소	서대문자연사박물관

견학하게 된 동기

지구의 역사는 어떻게 흘러왔을까? 이걸 한눈에 알아보기 위해 자연사박물관에 가 보았다. 사람이 살기 전에 지구가 어떤 모습이고, 어떤 동물과 식물이 살았는지 궁금해서 특히 박물관에 있는 생명진화관에 가 보기로 했다.

박물관 소개

지구에 사는 동물과 식물의 다양한 모습, 역사 등을 알 수 있도록 그 모형들이 생생하게 전시되어 있다. 전시관으로는 인간과 자연관, 생명진화관, 지구환경관이 있다. 그리고 자연사도서관과 공룡공원도 있다.

진화하는 인간

namu.sdm.go.kr

● ● 견학을 통해 새로 알게 된 점, 기억에 남는 점

알게 된 점 1. 인간의 진화

'진화'란 환경에 맞게 자신을 바꾸면서 발전시키는 것을 말한다. 우리 사람들도 진화를 해왔다. 옛날 모습과 지금 모습이 많이 다르다. 옛날에는 몸에 털이 있고 키도 작고 몸도 구부정했는데, 지금은 털도 거의 없고 키도 좀 큰 편이고 몸이 바로 서 있다.

알게 된 점 2. 지구에 나타난 처음 생물

약 30억 년 전에 지구에 생물이 처음 나타났다. 그런데 그 생물은 눈에 보이지도 않는 박테리아 같은 것이었다. 이름은 시아노박테리아. 이것은 식물처럼 스스로 산소를 만들었다. 즉, 광합성을 한 것이다. 이 생물들이 만든 산소가 바다 가득 생기면서 산소로 숨을 쉬는 생물들이 나타나게 되었다.

시아노박테리아

기억에 남는 점. 입체로 본 지구의 탄생

지구가 어떻게 탄생했는지 입체영화로 보았는데, 기억에 남는다. 지구는 우주가 대폭발을 한 후에 태양계가 만들어지고, 그 다음에 지구가 만들어졌다. 처음에 지구는 아주 작았는데, 어느 순간 지금의 크기가 되고 그 안에서 생명체가 산다는 것이 신기하다. 지구만 생명체가 사니까 더 신기하다.

● ● 견학 후 느낀 점 ● ● ●

자연사박물관에는 볼 것이 너무 많다. 하나하나 다 흥미 있고 재미있었다. 동물이랑 식물은 진짜 똑같고, 동물은 박제나 표본을 해서 더 똑같다. 지구 자체에 대해 전시되어 있는 전시관도 눈을 뗄 수 없을 정도로 좋았다. 지구와 자연에 대해서 많은 걸 알게 된 느낌이다.

기사가 살아 있다~

가족신문 뚝딱 만들기

제3부

1. 우리는 한 가족, 가족신문 만들기

가족신문은 가족들을 소개하고 가족행사를 알리고 가족의 자랑거리를 보여 주는 내용으로 구성하면 좋아요. 특히 가족 중에 한 명을 골라 인터뷰 기사를 써 보거나, 가족이 지켜야 하는 걸 사설 형식으로 써 보면 개성 넘치는 가족신문을 만들 수 있을 거예요.

〈연중캠페인〉 가족은 나의 힘

유현이네 가족신문

발행인 | 서유현
발행일 | 8. 20

가족소식
가족에게 일어난 특별한 일이나 기억에 남는 일을 기사로 써 봅니다.

기획기사
우리집의 가보나 자랑거리를 깊이 있게 취재하여 써 봅니다. 그에 얽힌 이야기도 알아보세요.

행사알림
생일과 같은 가족 행사를 날짜표로 만들어 나타내 봅니다.

인물취재
가족 중에 제일 궁금한 사람이나 다른 가족들이 알고 싶어하는 사람을 인터뷰한 내용을 적어 봅니다.

독자마당
가족들끼리 하고 싶은 말을 간단히 적어 봅니다.

가족사설
가족이 함께 잘 살기 위해 지켜야 할 점이 있으면 사설로 써 봅니다.

릴레이연재 | 나의 꿈
미래의 꿈이 무엇인지, 왜 그 꿈을 갖게 되었는지 고백하는 것처럼 써 봅니다.

4컷만화
가족 중에 한 명을 주인공으로 하는 만화를 그려 봅니다.

가족소식

"새끼염소야, 안녕? 나 지원이야~"

유현이네 가족, 2박 3일간 이모할머니 집 방문

유현이네 가족은 지난 8월 15일부터 17일까지 2박 3일간 충청남도 청양에 사시는 이모할머니 댁에 다녀왔다.

아빠 엄마는 고추 농사를 도왔고, 유현이(10세)와 동생 지원이(4세)이는 하루 종일 염소와 놀았다. 유현이와 지원이는 새끼염소를 처음 보았다.

"아기염소야, 안녕. 나 지원이야. 밥 먹었니?"

지원이가 이렇게 아침 인사를 했다.

유현이는 새끼염소를 위해 소원을 빌었다.

"새끼염소야, 무럭무럭 자라서 튼튼하고 건강한 어른염소가 돼!"

행사알림

유현이네 가족 일 년 행사 포도나무

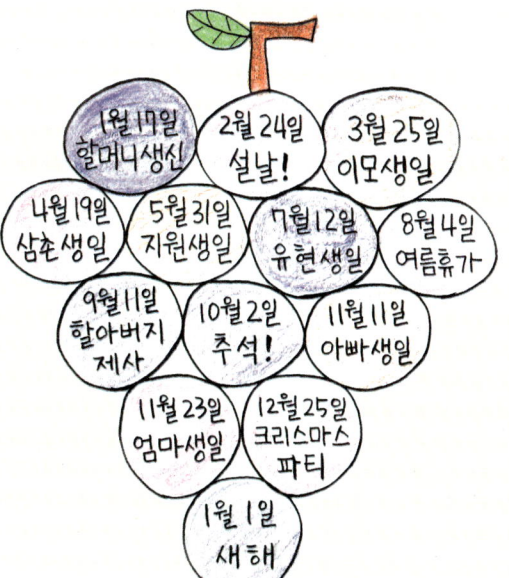

- 1월 17일 할머니생신
- 2월 24일 설날!
- 3월 25일 이모생일
- 4월 19일 삼촌생일
- 5월 31일 지원생일
- 7월 12일 유현생일
- 8월 4일 여름휴가
- 9월 11일 할아버지 제사
- 10월 2일 추석!
- 11월 11일 아빠생일
- 11월 23일 엄마생일
- 12월 25일 크리스마스 파티
- 1월 1일 새해

* 가족 행사 날짜를 꼭 확인하여 미리미리 행사 준비를 해 주세요~
* 생일선물은 마음을 담아서~
* 명절과 제사는 차분하게~

인물취재

그 사람이 궁금하다

서유현 아버지 인터뷰, "어렸을 때 꿈은 국가대표!"

서유현 아버지 서봉구 씨(41세). 왼쪽은 현재의 모습이고, 원 안은 어렸을 적 모습

서유현 기자(이하 기자): 안녕하세요? 서유현 기자입니다. 아버지에 대해 궁금한 점이 있어요. 축구부 감독은 어떻게 하시게 되었나요?

아버지: 초등학교 4학년 때부터 축구를 시작했는데 대학교 4학년 때 발목을 크게 다쳐 못 하게 되었어. 그래서 대학 졸업하고 중학교 축구팀 코치 생활을 시작했지.

기자: 축구를 못하게 되었을 때 기분이 어땠나요?

아버지: 많이 힘들었어. 어렸을 때부터 국가대표가 되는 것이 꿈이었는데 할 수 없으니까. 그런데 그때 유현이 지원이 엄마가 많은 용기를 주었지. 나는 국가대표가 못 되지만 내가 가르친 아이들이 국가대표가 될 수 있다고.

기자: 아, 그런 사연이 있었군요. 그럼 아들이 축구선수가 되고 싶다고 하면 허락할 건가요?

아버지: 그럼! 아들이 축구를 좋아하고 또 열심히 할 생각이 있다면 전폭적으로 지지해 줄 거야. 국가대표가 될 수 있도록 확실히!

기자: 앞으로의 소원이나 꿈은 무엇인가요?

아버지: 당연히 우리 팀이 전국대회에서 우승하는 거지.

릴레이연재

유현이의 꿈은?
"베토벤 같은
위대한 작곡가!"

지난 3월부터 피아노를 배우기 시작했다. 처음엔 싫었는데 자꾸 쳐 보니까 재미있었다.

그때마침 <카핑 베토벤>이라는 영화를 보게 되었다. 베토벤이 귀가 멀어서 지휘를 할 수 없는데, 어떤 여자가 도와주어 지휘를 하는 이야기다.

영화에서 베토벤이 정말 멋있었다. 그때 나도 베토벤처럼 작곡을 해야겠다고 생각했다. 베토벤은 귀가 멀었는데도 아름답고 훌륭한 음악을 작곡했다. 바로 '교향곡 9번'이다.

나도 베토벤처럼 위대한 작곡가가 될 거다.

그러기 위해서 앞으로 피아노도 더 열심히 치고 악보에 작곡도 해야지. 그리고 계속 음악 생각을 해야겠다.

나는 이 모든 것을 다 지켜서 꼭 작곡가가 될 거다.

4컷만화

지원이는 못 말려

기획기사

100년도 더 된 낡은 책상의 비밀

우리집 가보, 외할머니의 앉은뱅이 나무 책상

유현이네 집엔 작고 낡은 앉은뱅이 책상이 있다. 외할머니가 준 것이다. 앉은뱅이책상은 의자 없이 바닥에 앉아서 쓸 수 있게 만든 낮은 책상이다. 이 책상에 얽힌 이야기가 있다.

유현이 외할머니의 아버지, 즉 돌아가신 외증조할아버지네 집은 무척 가난했다. 그런데 외증조할아버지는 너무나 공부가 하고 싶어서 아버지에게 날마다 책상을 사 달라고 했다. 외증조할아버지의 아버지는 처음엔 돈이 없다고 사 주지 않았는데, 어느 날 할아버지가 학교를 마치고 집에 와 보니 방에 책상이 있었다. 그때 외증조할아버지는 아버지가 무척 고마워 잠도 안 자고 공부를 했다. 그 후에 외증조할아버지는 중학교를 1등으로 졸업했다.

외할머니는 이 책상만 보면 울려고 그러신다. 아버지 생각 때문이다.

"우리 아버지의 손때가 묻은 소중한 책상이야. 100년이 지났는데도 이렇게 깨끗한 걸 봐. 아버지가 얼마나 바르고 깨끗한 분인지 알 수 있지."

우리집 가보 앉은뱅이 나무 책상

외할머니가 이 책상을 유현이에게 물려 준 까닭은 유현이가 첫 손자이고, 외증조할아버지를 닮았기 때문이다.

유현이는 가끔 숙제를 할 때 생각이 잘 나지 않으면 앉은뱅이 책상에서 한다. 그러면 신기하게 문제가 술술 잘 풀린다. 그럴 때마다 유현이는 외증조할아버지가 꼭 옆에서 가르쳐 주는 것 같다고 한다. 유현이는 이 책상을 나중에 아이들에게 물려줄거라고 했다.

독자마당 | 가족에게 하고 싶은 말

아빠가 지원이에게

지원이에게 그림책도 읽어주고 그래야 하는데 못 읽어주어 항상 미안하다. 아빠가 이번 축구 대회만 끝나면 매일 밤마다 꼭 읽어 줄게.

지원이가 유현이에게

오빠, 학교 갔다가 빨리와. 지원이는 유현이 오빠가 보고싶어. 같이 놀자.
(* 지원이가 글을 못 써서 유현이가 말을 받아 대신 적어 줌.)

유현이가 엄마에게

엄마, 잔소리 좀 줄여 주시면 안 돼요? 저 어떤 날은 귀가 멍멍해요. 엄마가 잔소리 줄여 주시면 제가 알아서 척척할게요~ 꼭 지켜 주세요~

엄마가 아빠에게

축구부 합숙 훈련 때문에 집에 자주 오지 못해서 건강이 걱정돼요. 또 장염에 걸릴까봐 그게 가장 걱정이에요. 식사 거르지 말고 꼭 챙겨 드세요.

가족사설

가계부를 쓰면 돈을 벌 수 있다

요즘 경제가 많이 어렵다고 한다. 이럴 때일수록 돈을 아끼고 과소비를 하지 말아야 하는데, 가계부를 쓰면 돈을 아낄 수 있다.

가계부를 쓰면 한 달에 들어온 돈을 어떻게 사용했는지 알 수 있고, 어떤 부분에서 필요 없는 물건을 샀는지, 낭비가 된 건지도 알 수 있으며, 한 번 샀던 물건을 또 사지 않아 물건을 절약할 수 있다. 그러면 함부로 쓰던 돈을 저축할 수 있어 돈이 모이게 되고 돈의 소중함과 돈을 관리하는 방법을 알아갈 수 있다.

그런데 어린이들은 가계부 대신 용돈기입장을 적어 보자. 그러면 용돈을 어떻게 쓰는지 알게 되어 역시 쓸데없는 곳에 돈을 쓰는 일이 줄어들고, 남는 돈은 저축하는 습관이 길러질 것이다.

2. 35일간의 특별한 날들, 방학신문 만들기

방학신문은 방학 동안의 계획, 방학 동안 겪은 일, 여행 이야기, 방학을 어떻게 보내는 것이 바람직한가에 대한 주장 등의 내용을 담으면 좋아요. 특히 방학 동안에 하고 싶은 일을 설문조사한 기사를 써 보거나 방학 물놀이 용품을 광고하는 내용을 써 보면 개성 넘치는 가족신문을 만들 수 있을 거예요.

방학 체험학습 단원 모집 중!

예지네 방학일보

발행인 | 김예지
발행일 | 8. 1

방학계획
방학 동안 각자의 계획을 차례로 적어 봅니다.

설문조사
방학 동안 하고 싶은 일을 설문조사한 결과를 도표로 나타내 봅니다.

세상이 이런 일이
방학 동안 겪은 일 중에서 기억에 남는 특이한 일을 기사로 써 봅니다.

정보마당
여름철, 또는 겨울철 주의사항을 정리해 봅니다.

기획토론
방학은 실컷 노는 기간인지, 모자란 공부를 보충하는 기간인지 토론한 내용을 적어 봅니다.

일러스트
방학식이나 방학과 관련된 그림을 한 컷 그립니다.

칼럼
방학을 엄마나 아빠 입장에서 쓴 글을 실어 봅니다. 이 글에는 주장이 들어가야 해요.

생활광고
여름철 물놀이 용품이나 겨울철 스키 용품 중에서 팔 물건과 살 물건을 광고해 봅니다.

방학계획

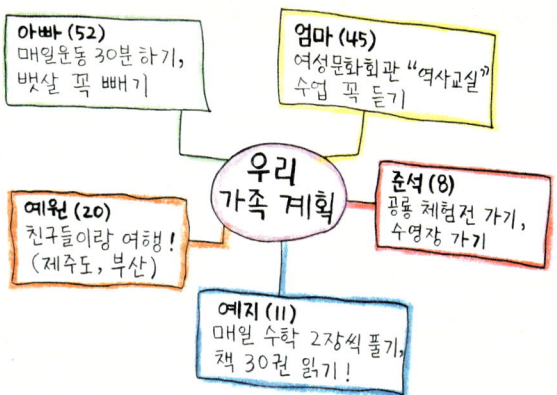

설문조사

여름방학이 기다려지는 이유는?

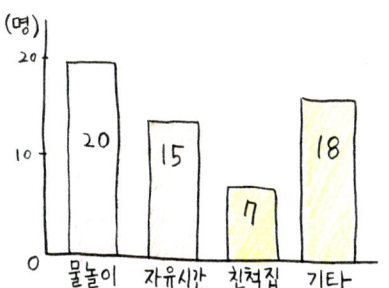

학생들이 여름방학을 기다리는 가장 큰 이유는 무엇일까? 그 이유는 그 때 하고 싶은 일이 있기 때문이다. 그러면 방학 동안 가장 하고 싶은 건 뭘까?

학생들은 물놀이를 첫째로 꼽았다. 그 다음에는 자유 시간이 많기 때문에, 세 번째는 시골 친척집을 방문할 수 있다는 이유를 꼽았다. 기타 의견으로는 잠을 실컷 잘 수 있으니까, 학교에 가지 않아도 되니까 등이 나왔다.

설문조사에는 예지가 다니는 학원 친구들 22명이 참여하였고, 하고 싶은 것을 세 가지 적도록 하였다. 4명은 2개만 선택했고, 1명은 1개만 선택하였다.

세상에 이런 일이

"모기가 내 피를 다 뽑아갔어요ㅠㅠ"

하룻밤 만에 모기에게 12방 물린 사연

모기에 물려 얼굴이 부은 준석 군

지난 밤 예지네 가족에게 아주 끔찍한 일이 일어났다. 그 일은 오늘 아침 준석이가 방문을 열고 나오면서 알려지게 되었다. 엄마가 제일 먼저 발견했다.
"준석이 얼굴이 평소와 달랐어요. 울긋불긋 마치 열병에 걸린 사람 같았죠." 엄마는 천천히 준석이에게 다가가 얼굴을 자세히 들여다보았다. 그 순간 깜짝 놀랐다. 준석이가 얼굴에만 모기를 12방이나 물린 것이다. 그런데 다른 가족들은 모두 멀쩡했다.

준석이 아버지는 한숨을 쉬며 이렇게 말했다. "차라리 다른 식구가 물리는 게 나아요. 우리 준석이는 벌레 알레르기가 있어요. 또 아토피성 피부라 벌레에 물리면 더 자주 몸을 긁게 되어 피부가 곪고 아주 큰 상처들이 나요."

그런데 물린 곳이 하필 얼굴이라 긁다가 그 자국이 남아 상처가 남아있을까봐 걱정이 되었던 것이다.

그러면 왜 모기는 준석이만 공격했던 걸까? 준석이 큰누나는 이렇게 말한다.

"준석이가 본래 땀도 많이 나고 열도 많이 나는 체질이에요. 모기는 땀 냄새도 좋아하고 몸이 따뜻한 사람한테 더 잘 간대요. 그런데 어제 준석이가 귀찮다고 목욕을 안 하고 자서 모기들이 그 땀 냄새를 맡아 모두 준석이에게 간 것 같아요."

이제 가족들은 어떻게 하면 준석 군이 얼굴의 가려운 부분을 긁지 않게 할 것인가에 머리를 모으고 있다. 준석 군의 작은누나 예지는 방법은 딱 한 가지라고 말한다.

"손을 묶어 놓으면 되죠~"

준석 군의 엄마도 예지의 의견에 찬성하였다.

정보마당 | 여름철 주의사항

더운 날씨,
이것만은 꼭 주의하세요~

1. 어린이들을 괴롭히는 땀띠 : 땀을 잘 흡수하는 속옷 입기, 자주 씻기, 씻은 다음 땀띠방지용 분 바르기
2. 냉방병의 주범, 선풍기와 에어컨 : 환기를 자주 하기, 에어컨필터 청소하기, 선풍기 날개 깨끗이 씻기, 에어컨 오래 쏘이지 않기, 선풍기 틀어 놓고 잠자지 않기, 냉방병 조심하기
3. 곰팡이의 친구 장마철 : 가끔 보일러를 틀어 집안을 건조하게 하기, 습기를 빨아들이는 방습제 놓기
4. 피부의 적, 자외선 : 오전 10시 ~ 오후 2시는 외출하지 않기, 외출할 때는 꼭 자외선차단 크림 바르기, 선글라스 쓰기, 모자 쓰기, 양산 쓰기

일러스트 | 방학식

내가 그린 방학

방학식을 했다.
상장을 2개 받았다.
독서상과 일기상이다.
기분이 좋았다.

― 〈예지 생각〉

기획토론

방학은 노는 날인가? 공부하는 날인가?

놀파, "방학은 공부에서 해방된 날"
공부파, "방학에는 부족한 공부 보충해야"

사회자: 방학을 어떻게 보내는 것이 좋을까요? 놀아야 한다는 놀파와 공부해야 한다는 공부파의 각 대표님을 모시고 토론을 해 보겠습니다.

놀파: 안녕하세요? 놀파 대표 예지입니다. 방학은 놀아야 합니다. 어린이들에게 자유를 주어야 합니다.
　그동안 학교 다니고 학원 다니고 하느라 어린이들은 얼마나 힘이 들었는지 모릅니다. 그러니 당연히 방학에는 놀아야지요.

공부파: 무슨 말씀이세요? 방학은 놀라고 주어진 시간이 아닙니다.

공부파: 저도 초등학생일 때는 방학에 놀아야 한다고 생각했어요. 그런데 놀면 후회합니다. 방학 동안 모자란 공부랑 선행 공부를 하고, 남는 시간은 여행을 하면서 보람차게 보내야 합니다.

놀파: 학교를 쉬는데 왜 또 공부를 하라는 건가요?

놀파 대표 예지(왼쪽)와 공부파 대표 예원(오른쪽)

공부파: 물론 학교에서 하는 게 맞습니다. 그런데 학교 공부를 따라잡고 더 잘하려면 미리미리 예습도 하고, 또 전에 배운 내용을 복습도 해야 합니다.

놀파: 만날 공부만 하면 어린이는 엄청 스트레스 받아요!

사회자: 네, 두 분 말씀 잘 들었습니다.
　시간이 다 되어 토론은 여기서 마치겠습니다.
　이제 결정은 어린이 여러분이 하셔야 합니다. 현명한 결정 하시길 바랍니다.

== 방학칼럼 ==

엄마에게도 방학을

아이들은 방학을 좋아하지만 엄마들은 방학을 싫어한다. 그 이유는 전보다 더 바쁘기 때문이다. 밥도 더 자주 차려야 한다. 아이들이 학교에 안 가니까 집에서 다 먹어야 하기 때문이다. 그래서 엄마는 방학이 되면 더 피곤하고 귀찮다고 한다. 그럼 어떻게 할까?

엄마에게도 방학을 주자. 우리는 너무 우리 생각만 하느라 엄마도 쉬어야 한다는 걸 생각하지 못했다. 엄마도 방학 때는 하고 싶은 걸 하고 쉬기도 하고 해야 한다. 안 그러면 <돼지책>의 엄마처럼 집을 나갈지도 모른다. 이런 일은 정말 일어나서는 안 된다.

만약 엄마 마음을 아무도 알아 주지 않는다면 정말 그렇게 할지도 모른다. 아빠와 아이들이 함께 엄마의 방학을 만들어 주자.

== 생활광고 ==

삽니다, 팝니다

<팝니다>

물안경 필요하신 분!

4~5세 어린이가 쓸 수 있는 물안경입니다.
색깔은 파란색이고,
세 번 정도밖에 쓰지 않아
새것 같습니다.
가격 : 500원
02-8484-7272

<삽니다>

고무보트 구합니다!

4~6인용 고무보트 구합니다. 색깔이나 디자인은
상관없습니다.
8월 10일 전까지
연락 주세요.
가격 : 협의 후 결정
010-3030-0001

<알뜰시장>

국사봉 알뜰시장 오픈!

국사봉 사자빌라 앞에
알뜰재활용 시장을
오픈합니다. 옷, 음식, 책,
장난감 등 모든 물건들이
아주 싸게 나왔습니다.
담당 : 이알뜰대리
연락 : 상도주민센터

3 | 신문 안의 작은도서관, 독서신문 만들기

독서신문은 나와 가족이 좋아하는 책을 소개하고, 꼭 읽어야 하는 추천도서나 재미있게 읽은 책, 새로 나온 책 등의 내용을 간단히 알려 줍니다. 좀 더 재미있게 구성하기 위해 주인공을 인터뷰해 보거나 책과 관련한 속담을 소개하거나 독서퀴즈를 만들어 봅니다.

〈독서캠페인〉
가족도서관 만들기

정민이네 독서신문

발행인 | 우정민
발행일 | 8. 13

대결인터뷰
책 속 주인공들 중에서 서로 사이가 좋지 않거나 싸우는 인물을 골라 함께 인터뷰한 내용을 적어 봅니다.

추천도서
가족들이 각자 추천하고 싶은 책을 소개해 봅니다.

새로 나온 책
최근에 새로 나온 책 중에 재미있는 책을 추천해 봅니다.

요즘 읽는 책
요즘에 어떤 종류의 책을 읽고 있는지 간단히 적어 봅니다.

그림책 속의 숨은 보물
어렸을 때 읽은 그림책 중에서 지금까지도 기억에 남는 책을 골라 그림이나 내용 중에 특이한 점을 소개해 봅니다.

독서속담
책이나 독서와 관련된 속담을 찾아 써 봅니다.

독서퀴즈
방학 동안 읽은 책들에서 지은이나 주인공, 내용 등을 묻는 간단한 퀴즈를 내 봅니다.

4컷만화
책을 좋아하는 아이, 또는 싫어하는 아이를 주인공으로 하는 만화를 그려 봅니다.

추천도서

이 책은 꼭 읽어 보세요!

아빠: 멋진 도시를 꿈꾸는 사람들에게 <꿈의 도시 꾸리찌빠>(녹색평론사)를 추천합니다. 꾸리찌빠는 브라질의 유명한 생태도시예요.

정민: 책이 재미없다 생각하는 어린이들은 <멍청 씨 부부 이야기>(로알드 달/시공주니어)를 읽어 보세요. 못된 멍청씨 부부가 골탕 먹는 이야기가 통쾌해요.

엄마: 괴롭고 힘든 사람들에게 <지금 알고 있는 걸 그때도 알았더라면>(류시화 엮음)을 추천합니다. 희망을 주고 영혼을 아름답게 하는 시집이에요.

주연: 과학고에 가고 싶은 중학생들은 <과학콘서트>(정재승 지음/동아시아)를 꼭 읽어 보세요. 조금 어렵지만 학교에서는 배우지 않는 과학이 들어 있어요. 또 재밌어요.

새로 나온 책

마음 약한 어린이, 강한 마음 기르는 법!

걱정이 많은 어린이, 스트레스를 잘 받는 어린이, 짜증이 많은 어린이, 싫증을 잘 내는 어린이, 겁이 많은 어린이, 친구들 앞에서 부끄러움을 잘 타는 어린이, 고집이 센 어린이,…….

이런 어린이들의 공통점은 무엇일까? 바로 마음이 약하다는 것이다. 마음이 강하면 스트레스도 잘 받지 않고 화도 잘 참을 수 있다. 그러면 어떻게 마음을 강하게 먹을 수 있을까?

이 책 <어린이의 마음력 기르기>(희망의교육연구소 지음/상상이상 펴냄)를 읽어 보자. 재미있는 동화와 함께 어린이들이 스스로 훈련할 수 있는 '마음 연금술'이 나와 있어서, 그대로 따라하고 연습하다 보면 곧 강한 마음을 갖게 될 것이다.

대결인터뷰

동화 속 최고의 라이벌, 피터 팬 Vs. 후크 선장

피터 팬, "후크는 욕심쟁이 아저씨!"
후크 선장, "피터는 말썽꾸러기 못된 놈!"

기자: 동화 속 최고의 라이벌 피터 팬과 후크 선장을 만나 서로에 대한 생각을 물어보았습니다. 피터 팬이 먼저 말했습니다.

피터 팬: 후크 선장은 욕심쟁이예요. 남의 것을 빼앗으려고 하고, 시도 때도 없이 우리들을 괴롭혀요.

후크 선장: 뭐라구? 내가 욕심쟁이라고? 니들, 특히 너야말로 말썽꾸러기에 못된 놈이야! 어른에게 버릇없이 까불고 날아다니기만 하지. 부모도 없으니 뭘 배우겠어?

기자: 잠깐 진정하시구요. 방금 후크 선장의 말에 피터 팬은 어떻게 생각해요?

피터 팬: 훗, 천만에요! 아무리 인자한 부모님이라 하더라도 후크 같은 악당한테 인사하는 건 반대일 걸요. 후크야말로 어른이 아니죠. 창피하게 어린이들을 괴롭히잖아요.

후크 선장: 그건 괴롭히는 게 아니라 충고하는 거야. 어른이 말하면 들어야지!

기자: 자 그만하시고요. 왜 이렇게 두 분은 만나기만 하면 싸우는 건가요?

피터 팬: 아저씨 정말 몰라서 묻는 거예요? 〈피터 팬〉도 안 읽어 보았어요? 후크는 원래 나쁜 마음을 가졌어요. 조금만 화가 나도 쇠갈고리로 우리를 마구 찍으려고 한단 말이에요!

기자: 선장님, 사실인가요?

후크 선장: 이걸, 확!

기자: 선장님, 지금 뭐하시는 거예요? 방금 절 쇠갈고리로 위협하신 거예요? 정말 피터의 말이 맞군요.

인터뷰는 여기서 마치겠습니다. 후크 선장님의 오늘 행동은 제가 꼭 기사로 써서 독자들이 선장님을 제대로 알게 할 거예요!!

〈후크 선장(왼쪽)과 피터 팬(오른쪽)〉

요즘 읽는 책

나쁜 악당 나와! 〈칠칠단의 비밀〉

지은이 : 방정환
출판사 : 사계절

방학 동안 방정환 선생님이 쓴 동화책을 읽어 보기로 했다. 〈만년샤쓰〉와 〈동생을 찾으러〉를 읽었고, 지금은 〈칠칠단의 비밀〉을 읽는 중이다.

이제 50쪽 정도 남았다. 앞의 두 책보다 두껍다. 이 책은 일제시대에 지어진 책이다.

그래서 좀 옛날 말투가 나와서 어떤 말은 무슨 뜻인지 잘 모르겠다. 하지만 내용은 아주 재미있고 흥미진진하다. 상호라는 어린이가 인신매매단에게 잡혀간 동생을 찾으러 간다는 이야기다.

나도 동생이 잡혀가면 구하러 갈 것이다. 하지만 먼저 경찰에 신고하고 엄마아빠한테 이야기를 해야 한다.

그래야 내가 만약 실패해도 경찰이랑 엄마 아빠가 나와 동생을 구하러 올 수 있기 때문이다. 끝이 어떻게 되는지 궁금하다. 얼른 읽어야지.

독서속담

책은 가장 좋은 친구!

1. 좋은 책은 좋은 친구와 같다.
  - 생피에르 -
2. 책과 친구는 수가 적고 좋아야 한다.
3. 처음 책을 읽을 때에는 한 사람의 친구와 알게 되고, 두 번째 읽을 때에는 옛 친구를 만난다.
4. 방구석에서 말 없는 나의 종(책)이 기다린다. 언제나 변함없는 나의 친구들이다.
  - B. W. 프록터 -
5. 아직 읽지 못한 책을 읽는 것은 새로운 좋은 친구를 얻는 것과 같고, 이미 읽은 책을 다시 읽는 것은 죽은 친구를 만나는 것과 같다.   - 안지추 -

그림책 속의 숨은 보물

눈을 크게 떠 봐~ 그림 속에 무언가 숨어 있어!

김재홍 아저씨의 "동강의 아이들"과 "숲 속에서"

볼 때마다 신기하고 또 신기한 그림책이 있다. 그림 안에 또 그림이 있는 그림책이다. 눈을 크게뜨면 숨어 있는 그림들이 하나둘 보인다. 그 그림책 주인공은 바로 김재홍 아저씨가 만든 <동강의 아이들>과 <숲속에서>.

<동강의 아이들>은 오빠 동이와 여동생 순이가 장에 간 엄마를 기다리는 이야기이다. 그런데 신기한 게 동이가 순이에게 무슨 이야기를 하면 바위가 그 모습이 된다.

곰 이야기를 하면 바위가 곰 모양이 되고, 공룡 이야기를 하면 공룡이 된다. 나중에는 오 누이 바위도 나오고 아빠 바위도 나오고 엄마 바위도 나온다. 이야기는 조금 심심하기도 한데, 바위 그림들은 볼 때마다 신기하다. 정말 동강 바위들은 그런 모습일까?

<숲속에서>는 서울에서 시골로 이사 온 샘이가 숲속에서 여러 가지 동물들을 숨은그림찾기처럼 찾는 이야기이다. 샘이는 서울에서 와서 친구도 없다. 혼자 심심하게 놀다가, 숲속으로 들어간다. 그런데 신기하게도 숲속에는 어치, 왜가리, 소쩍새, 호랑이, 물장군 등 많은 동물들이 숨어 있었다. 어디에 숨어 있냐 하면 나무껍질, 줄기, 잎, 풀숲 뒤, 바위나 흙길 위에 숨어 있다. 눈을 동그랗게 뜨고 구석구석 찾아보면 다 찾을 수 있다.

책을 읽고 김재홍 아저씨의 그림처럼 숨은그림찾기 그림을 그려 보면 재미있을 것 같다.

숨은 그림 : 나비, 구름, 매미

독서퀴즈

주인공 이름을 알고 있니?

아래 독서퀴즈 정답을 아는 어린이들은 book@book.com으로 답을 보내 주세요. 추첨을 통해 새로 나온 책을 보내 드립니다.

1. <마법의 설탕 두 조각>의 주인공 이름은 무엇인가요?
2. <어린 왕자>가 사랑하는 꽃은 무엇인가요?
3. <깃털 없는 기러기>의 보르카가 나중에 간 곳은 어디인가요?
4. <아낌없이 주는 나무>에 나오는 나무는 어떤 나무인가요?
5. <마당을 나온 암탉>의 주인공 이름은 무엇인가요?
6. <가방 들어주는 아이>의 지은이는 누구인가요?
7. <책 먹는 여우>의 주인공 여우씨는 나중에 무엇이 되나요?
8. <지구를 구한 꿈틀이사우르스>에서 꿈틀이사우르스는 무엇인가요?

4컷만화

책만 읽는 아이

4. 기사로 읽는 생생 체험, 여행신문 만들기

여행신문은 방학 동안 또는 학기 중에 가족들이나 친구들과 함께 했던 여행을 소개하고, 앞으로 가고 싶은 곳에 대한 정보를 실어 주어요. 특이한 여행 방법, 여행지의 별난 풍경이나 음식을 소개하면 신문을 알차게 구성할 수 있어요. 여행신문이니만큼 사진을 많이 활용해 봅니다.

체험여행1번지, "JUJU 여행사"

주주여행일보

발행인 | 양진우
발행일 | 8. 5

베스트 여행지
우리 가족이 추천하는 베스트 여행지를 소개합니다.

그 섬에 가고 싶다
우리 나라의 섬 중에서 하나를 골라 소개해 봅니다.

대세는 체험학습, 체험여행
가족이 함께 갈 수 있는 전국의 유명하고 재미있는 체험학습장을 소개해 봅니다.

불꽃토론
산과 바다 중 어느 쪽을 더 좋아하나요? 가족 여행지로 적합한 곳이 어디인지 토론한 내용을 적어 봅니다.

추천! 별난 향토 음식
여행을 가면 맛있는 음식들이 또 다른 즐거움을 줍니다. 여행지 별난 음식들을 소개해 봅니다.

설문조사
여름휴가를 어디로 가고 싶은지 설문조사한 내용을 씁니다.

정보마당
여행이나 휴가를 가기 전에 어떤 준비를 해야 하는지 알아봅니다.

여행지에서 온 편지
여행지에서 친구에게나 가족에게 편지를 쓴 것처럼 내용을 꾸며 봅니다.

=== 베스트 여행지 ===

우리 가족 여행지 베스트 5

1위. 석굴암 = "석굴암 부처님의 그 미소가 잊혀지질 않아. 어찌나 인자하고, 또 근엄한지. 정우 할아버지도 살아계셨더라면 그런 인자한 얼굴로 손자, 손녀들을 보실 텐데…"(할머니)

2위. 안면도 = "안면도는 갈 때마다 편한 느낌이 좋아요. 펜션도 깨끗하고, 갯벌이 있어서 체험학습도 할 수 있고, 휴양림도 있으니까 편하게 쉴 수 있어요."(엄마)

3위. 태국 = "태국엔 신기한 음식들이 많아서 기억에 오래 남을 것 같아요. 태국의 대표음식 똠양꿍은 정말 맛있었어요. 우리 식으로 하면 새우매운탕입니다."(아빠)

4위. 오션월드 = "캐리비안베이도 재미있는데, 오션월드도 재미있어요. 파도 탈 때는 정말 짜릿짜릿해요."(오빠 정우)

5위. 천리포 수목원 = "작년 가을에 갔는데, 나무들이 정말 많았어요. 특히 몰래 머루를 따 먹은 게 기억에 남아요.ㅎㅎ"(나 진우)

=== 그 섬에 가고 싶다 ===

해가 뜨고 지는 걸 볼 수 있는 곳, 맨 끝 섬 마라도

지도책을 펼쳐 보면 우리 나라 맨 끝에 있는 아주 작은 섬을 찾을 수 있다. 바로 마라도이다. 제주도 아래 가파도, 그 아래 마라도가 있다. 마라도에 가려면 제주도 모슬포항에서 배를 타면 된다. 그런데 바람이 많이 불면 배가 뜨지 않기 때문에 날씨를 미리 확인해야 한다.

마라도에 도착하면 깜짝 놀랄 수 있다. 왜냐 하면 사람들이 거의 안 보이기 때문이다. 마라도에서 유명한 곳은 바로 등대! 세계에서도 알아주는 등대이고, 해 뜨는 모습과 지는 모습을 모두 볼 수 있는 곳이다.

시간이 많으면 섬 주변을 천천히 걸으면서 바다도 실컷 보자.

마라도에 있는 등대

대세는 체험학습, 체험여행

몸으로 배우는 생생한 체험여행을 떠나 보자!

"방학엔 꼭 반딧불 체험 갈래요~"

밀가루 체험전 모습

요즘 체험여행이 대세다. 그냥 여행 가서 노는 것보다 무언가 하나라도 더 배우면 좋다고 생각하기 때문이다. 양진우 양은 "그냥 박물관이나 유적지에 가서 보기만 하는 건 재미없어요. 그런데 체험을 할 수 있도록 놀이 같은 게 있으면 훨씬 재미있죠."라며 체험여행의 좋은 점을 말한다.

진우는 지금까지 체험여행 중에서 밀가루 체험과 논 체험이 가장 재미있었다고 한다. "밀가루 체험은 8살 때 사촌동생이랑 갔었어요. 그때 동생이 6살이었는데요, 저랑 동생이랑 정말 너무 재미있어서 시간 가는 줄 몰랐어요. 나중에 옷이랑 얼굴에 밀가루가 다 묻어서 하얗게 됐지 뭐예요. 또 가고 싶어요."

밀가루 체험은 지금도 어린 아이들에게 최고 인기다. "올 6월 초에 갔던 논 체험도 즐거웠어요. 약간 덥기는 했지만, 우렁이로 농사를 짓는 게 신기했어요."

진우는 주말농장 체험에서 논에 우렁이를 놓아 주는 일을 했다.

진우네 가족은 방학을 이용해 더 많은 체험여행을 떠날 예정이다. 그 중에 진우가 가장 기대하는 체험여행은 반딧불 체험! 먼저 갔다 온 단짝 친구 수민이가 얼마나 자랑을 하는지, 진우도 꼭 볼 거다. 반딧불 꽁무니에서 불빛이 나오는 상상만해도 기분이 좋다는 진우.

올 여름엔 진우네 가족처럼 좀 더 신나고 알찬 체험여행을 떠나 보자.

반딧불 체험전 모습

정보마당

여행 전 꼭 체크해야 하는 7가지

여행을 떠나게 되면 적어도 하루 이상은 집을 비우게된다. 그렇기 때문에 체크해야 할 것과 준비해야 할 것이 많다.

1. 가스와 전기는 모두 껐는지 꼼꼼히 점검하기
2. 음식을 오래 두면 상하기때문에 익힌 음식 다 치우거나 냉장고에 넣어 두기
3. 여행에서 돌아오면 피곤하기 때문에 바로 쉴 수 있도록 청소해두기
4. 우유나 신문이 현관앞에 쌓이지 않도록 미리 얘기하거나 이웃에게 부탁하기
5. 친척들이 모르고 방문할 수 있으니까 여행 간다고 알리기
6. 여행지에서 혹시 아플지도 모르기 때문에 비상약 챙기기
7. 여행 정보와 예약을 다시 한 번 잘 확인하기

설문조사

겨울철 최고 여행지는? 눈의 나라로 고고싱~

겨울엔 어디로 여행을 떠나면 좋을까? 어디든 다 괜찮다. 눈이 잔뜩 쌓인 곳이라면 모든 어린이가 다 좋아할 것이다.

설문조사 결과, 어린이들이 좋아하는 최고의 여행지는 스키장이다. 62%의 어린이들이 선택했다. 그 다음은 24%의 어린이들이 선택한 눈썰매장, 3위는 8%의 어린이들이 선택한 눈꽃축제, 마지막 4위는 1%의 어린이들이 선택한 얼음낚시터이다. 기타 의견으로는 겨울산, 갯벌, 스케이트장이 나왔다.

이 설문결과는 모두 1025명의 어린이에게 물어 본 것이다.

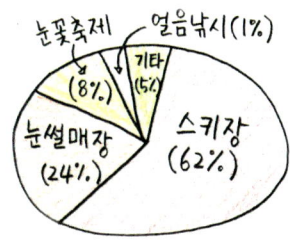

불꽃토론

가족 여행은 어디로?

"산이 최고!" "무슨 소리? 역시 바다지!"

사회자: 산과 바다 중 어디로 가족 여행을 가면 좋을까요? 먼저 산으로 가자는 쪽 의견부터 말씀해 보세요.

양정우: 당연히 가족 휴가는 산으로 가야 합니다. 산은 여러 사람이 각자 좋아하는 걸 할 수 있어요. 물놀이를 하고 싶으면 물놀이를 하면 되고, 삼림욕을 하고 싶으면 또 그걸 하면 됩니다. 어른들은 숲 속에서 편안히 쉬면 되고요.

양진우: 어떻게 산에서 물놀이를 할 수 있나요? 거기 물이 어디 있어요?

양정우: 계곡이 있잖아요. 계곡물은 바닷물보다 훨씬 시원합니다.

양진우: 계곡물이 시원해도 좁고 위험합니다. 갑자기 깊어지는 데도 있고, 어떤 곳은 물이 소용돌이쳐서 빠지면 죽을지도 몰라요. 그래서 전 바다로 가는 것이 좋다고 생각합니다. 여름엔 바다에서 수영도 하고 보트도 타고, 또 해변에서는 모래성도 쌓고 그러면서 노는 것이 즐겁습니다.

양정우: 계곡이 약간 위험한 건 맞지만, 조심하면 됩니다.

양진우: 항상 조심할 순 없어요. 해수욕장엔 안전요원이 있어서 위험해도 구해주니까 괜찮아요. 갯벌이 있는 바다는 물이 얕으니까 아예 하나도 위험하지 않고요.

사회자: 두 분 의견을 들으니 산도 좋고 바다도 좋다는 생각이 듭니다. 둘 다 장단점이 있으니 최종 판단은 독자 여러분이 해 보시기 바랍니다.

가족여행 : 산 vs 바다?

추천! 별난 향토 음식

"나주곰탕 먹으러 오세요~"

전라도의 대표음식은 바로 전주비빔밥! 오색 빛깔의 야채와 밥, 그리고 고추장을 비벼 먹으면 군침이 절로 돈다.

그런데 또 하나 대표음식이 있다. 바로 나주곰탕! 나주곰탕은 국물이 맑고 시원하다. 쇠뼈와 파, 양파, 마늘을 함께 넣어 하루 24시간 삶은 육수로 국물을 만들고, 거기에 고기를 찢어 넣고, 다진 파와 양념을 곁들여 먹는다. 입에서 살살 녹는다. 나주곰탕은 나주의 5일장에서 팔던 국밥요리라고 한다. 그러다가 지금의 나주곰탕이 되었다.

나주곰탕을 가장 맛있게 한다고 소문난 음식점은 '하얀집'! 나주곰탕을 제일 먼저 만들어 팔던 데라는 말도 있는데 확실하지는 않다.

전주비빔밥과 나주곰탕

여행지에서 온 편지

여긴 중국의 수도 베이징이야~

베이징에서 편지 쓰기

종훈아, 안녕?

나 진우야. 여긴 중국이야. 중국 어디냐고? 바로 수도 베이징! 오늘은 만리장성에 갔었어. 만리장성은 끝도 없이 길어. 가이드 언니가 그러는데, 만리장성을 쌓을 때 힘들어서 죽은 사람들이 그대로 성 아래 묻혀 있대. 이 말을 들으니까 갑자기 온몸이 오싹해지더라. 금방이라도 성 아래서 귀신이 튀어나올 것 같았어. 참, 중국이니까 강시! 거기 한국은 어때? 더워? 이제 이틀 밤만 더 자면 한국으로 갈 거야. 너 주려고 만리장성 모형을 샀으니까 한국 가면 꼭 보자. 너에게 할 말이 무지 많아! 조금만 기다려~

너의 친구, 진우가

5. 신문 공부? 공부 신문!
학습신문 만들기

학습신문은 여러 가지 공부에 대한 이야기와 지식, 공부하는 방법 등을 담은 신문입니다. 어린이들은 보통 공부는 어렵고 딱딱하다는 생각을 많이 하는데, 여러분이 만드는 신문은 좀 더 재미있고 즐거운 내용들로 구성해 봅니다. 수학 이야기, 특별한 꿈을 이루기 위한 방법 등을 담으면 더욱 흥미로울 거예요.

〈공부캠페인〉 "배워야 산다!"

즐거운학습신문

발행인 | 조영재
발행일 | 8. 7

이 달의 역사
어떤 달을 정해 그 달에 있는 기념일에 대해 알아봅니다.

꿈을 향한 도전
어린이들이 원하는 직업이나 꿈을 한 가지 소개하고 그 꿈을 이루기 위해 어떤 능력을 키워야 하는지 조사해 봅니다.

학습마당
매일 암기할 수 있도록 한자와 영어 표현을 써 봅니다.

인터뷰
가족 중에 공부를 잘하게 된 비결이 있으면 알아보고 어떤 일이었는지 인터뷰한 내용을 적습니다.

맞춤 공부법
공부 방법을 세 가지 정도로 나누어 소개해 봅니다.

학습상담
평소 어려운 과목이나 잘못된 공부 습관에 대해 상담해 봅니다.

수학이야기
어려운 수학 공식이나 원리를 이야기로 풀어서 써 봅니다.

4컷만화
공부에 관한 재미있는 생활 속 경험을 만화로 표현해 봅니다.

이 달의 역사

해방 9일 전에 어떤 일이 일어났을까?

1945년 8월 15일은 우리 나라가 일본의 지배에서 해방된 날이다. 이 날은 또 일본이 항복을 한 날이기도 하다. 그래서 우리 나라가 광복이 된 거다. 그럼 일본은 왜 항복을 했을까? 바로 9일 전인 8월 6일에 있었던 일 때문이다.

광복과 핵폭탄

그 날 일본은 엄청 충격적인 일을 당했다. 미국이 원자폭탄을 만들어서 일본의 히로시마와 나가사키라는 곳에 떨어뜨린 것이다. 원자폭탄은 아주 끔찍했다. 그 마을에 사는 사람들이 엄청 죽고 난리가 났다. 이걸 보고 일본은 항복하기로 했다. 일본이 나쁜 짓을 많이 해서 당한 거지만 폭탄 때문에 죽은 사람들은 정말 불쌍한 일이다.

학습마당

쏙쏙 한자카드

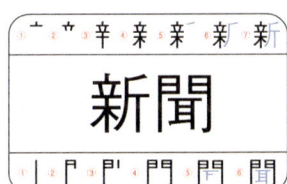

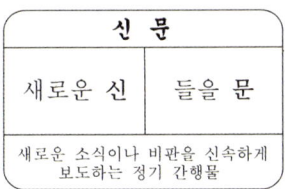

박명수의 〈50일 한자학습법〉 제공

생생 생활영어

"나를 ○○○으로 불러."를 영어로 어떻게 말할까?

A: Nice to meet you. I'm Carrie O'Brien.
B: Sorry, what's your first name?
A: Caroline, but please call me Carrie

A: 만나서 반가워. 나는 캐리 오브라이언이야.
B: 미안하지만, 이름이 뭐라고?
A: 캐롤라인. 하지만 캐리라고 불러

꿈을 향한 도전

맹수 조련사가 되려면 어떤 공부를 해야 할까?

사자, 호랑이, 돌고래, 원숭이에게 재주를 가르치고 훈련을 시키는 조련사가 되는 방법을 알려 주겠다.

조련사는 먼저 동물을 건강하게 돌보아야 한다. 동물이 아프지 않고 건강해야 훈련도 잘 시킬 수 있기 때문이다. 조련사가 되려면 동물을 무척 사랑하는 마음이 있어야 한다. 그리고 동물에 대해서도 잘 알아야 한다. 먹는 음식, 자주 걸리는 병, 생활 습관, 아기를 낳는 법 등을 알아야 훈련을 시킬 때 그 동물에 딱 맞는 훈련을 시킬 수 있다. 또 손과 손가락, 팔을 자유롭게 쓸 수 있어야 한다. 먹이를 줄 때 손으로 주고, 가르칠 때도 손으로 무엇을 가리키면서 훈련시키기 때문이다. 또 인내심과 끈기도 있어야 한다.

동물을 아무리 사랑해도 동물이 나를 사랑하지 않을 수도 있다. 그 동물이 나를 좋아할 때까지 기다려야 한다.

그러면 조련사가 되기 위해 어떤 공부를 해야 할까? 조련사가 되려면 꼭 공부를 잘하지는 않아도 되고, 대신 동물과 관련된 대학에 가는 것이 좋다. 예를 들어 축산과나 수의학, 동물자원학, 생물학 등이 있다.

조련사가 되면 동물원이나 수족관에서 일을 할 수 있다. 호랑이, 사자, 코끼리, 원숭이, 말, 돌고래, 물개들을 만나고 조련하다 보면 하루하루가 기쁘고 신날 것이다. 요즘에는 맹인견이나 경찰견을 조련하는 일도 많아서 취직 걱정은 안 해도 된다.

물개를 조련하는 모습

맞춤 공부법

나에게 맞는 공부법 – "과외? 학원? 혼자?"

- **1:1 과외** : 선생님의 사랑을 혼자서 듬뿍 받고 싶은 어린이, 선생님과 이야기를 많이 하고 싶은 어린이, 글쓰기를 싫어하는 어린이, 공부를 좀 못 하는 어린이에게 좋을 것이다.
- **학원공부** : 친구들과 함께 공부했을 때 더 열심히 하는 어린이, 선생님과 별로 얘기하고 싶지 않은 어린이, 엄마가 공부하라고 하는데 별로 하고 싶지 않은 어린이에게 좋을 것 같다.
- **혼자공부** : 스스로 알아서 하는 어린이, 책을 잘 읽고 좋아하는 어린이, 똑똑한 누나가 있어서 아무 때나 모르는 것을 물어 볼 수 있는 어린이에게 좋을 것이다.

학습상담

왜 나는 책만 보면 졸릴까요?

질문: 안녕하세요? 저는 초등학교 3학년 조영재입니다. 제 고민은 책만 보면 졸리다는 거예요. 만화책은 안 졸리는데 그냥 책은 졸려요.

상담: 책만 보면 조는 어린이들이 꽤 있어요. 그 이유는 아주 간단해요. 책이 재미없기 때문이죠. 그럼 왜 책이 재미없을까요? 그건 책보다 더 재미있는 것들이 많기 때문이에요. 게임, 텔레비전, 만화책 등등. 그런데 만화책도 책인데 만화책을 읽을 때는 안 졸리는 게 이상하죠? 하나도 이상할 게 없어요. 만화책은 엉뚱한 말이나 행동이 나와서 우리를 웃겨요. 그래서 쉽고 편한 느낌을 주지요. 그러면 어떻게 그냥 책도 만화책처럼 재미있게 읽을 수 있을까요? 짧고 재미있는 책을 읽어 보세요. 로알드 달 아저씨가 지은 〈창문닦이 삼총사〉나 아놀드 로벨의 〈생쥐 이야기〉를 읽어 보세요. 그러면 당장 책 속에 빠질 수 있을 거예요.

인터뷰

"나는 친구 따라 도서관 갔다"

작은 삼촌의 공부 비결 대공개!

도서관에서 책을 보는 삼촌

전수 삼촌은 학원도 안 다니고 과외도 안 하고 혼자 공부해서 아주 좋은 대학에 합격했다. 그 비결은 뭘까?

조영재 기자(이하 기자): 삼촌은 어떻게 공부를 잘하게 되었나요? 비결을 알려 주세요.

조천수: 공부 비결요? 저 그런 거 없는데요.

기자: 혼자 공부해서 좋은 대학에 들어갔는데 없다구요? 거짓말!

조천수: 하하. 그건 아니에요. 음… 친구를 잘 만나는 거? 이게 비결인 것 같아요.

기자: 네? 어째서요?

조천수: 제가 원래 공부를 하나도 안 했어요. 그런데 중학교 2학년 때 친한 친구가 매일 도서관에 가는 거예요. 그래서 저도 그냥 따라 갔어요. 처음엔 도서관이 어떤 곳인지도 몰랐죠. 그런데 친구가 거기서 책도 읽고 숙제도 하고 그러더라고요. 그걸 보고 나도 그냥 심심해서 친구가 읽는 책을 읽었어요. 숙제는 안 하고. 그런데 꽤 재미있었어요.

기자: 그럼 그때부터 공부를 한 건가요?

조천수: 아뇨. 중학교 3학년 국어 시간에 제가 읽은 〈운수 좋은 날〉이라는 소설이 나와서 그냥 발표를 했는데 친구들도 놀라고 선생님도 엄청 칭찬해 주었어요.

기자: 그럼 도대체 비결이 뭐예요?

조천수: 아마 독서였던 것 같아요. 그리고 칭찬을 받으니까 또 받고 싶어서 책도 읽고 공부도 시작했어요. 그래도 가장 큰 비결은 도서관 다니는 친구를 사귄 것? 친구 따라 강남, 아니 도서관 갔다가 결국 공부를 잘하게 된 거죠.

기자: 그럼 저도 좋은 친구를 먼저 사귀어야겠네요~

수학이야기

신기한 9단, 눈을 크게 뜨면 보여요~

9×1=09
9×2=18
9×3=27
9×4=36
9×5=45
9×6=54
9×7=63
9×8=72
9×9=81

〈9단에 숨어 있는 3가지 비밀〉

❶ 곱해서 얻은 값의 십의 자리가 10씩 커진다. 그러니까 세로 열을 보면 0부터 1, 2, 3, …, 8까지 순서대로 되어 있다.

❷ 곱해서 얻은 값의 일의 자리가 1씩 작아진다. 그러니까 세로 열을 보면 9, 8, 7, …, 1까지 거꾸로 순서대로 되어 있다.

❸ 곱해서 얻은 값의 십의 자리 숫자와 일의 자리 숫자를 더하면 모두 9가 된다. '9×3'은 '27'인데, '2'와 '7'을 더하면 9이다.

4컷만화

공부의 신

부록

이미지컷 목차

덜컹덜컹 경운기 타기

쭉쭉 늘어나는 치즈

내가 만든 피자

전주콩나물국밥

평양냉면과 함흥냉면

미나리강회

메밀막국수

제주 몸국과 모자반

제주 올레 코스

쇠소깍

제주 올레 길

외돌개

나박김치와 동치미

김치 – 재료 썰기

김치 – 김치소 넣기

템플 스테이

큰스님 말씀

마음 수련 시간

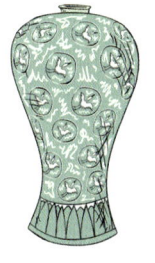
고려청자와 조선백자

도자기 – 반죽하기

도자기 – 모양 만들기

도자기 – 무늬 새기기

내가 만든 도자기

닥나무 가지 자르기

닥나무 껍질 하얗게 하기

닥나무 덩어리 방망이질

한지 뜨기

한지 완성

서당 – 훈장보

서당 – 절하는 법 익히기

서당 – 활쏘기 체험

지렁이 상자 속 수박껍질

지렁이가 수박껍질을 조금 먹은 흔적

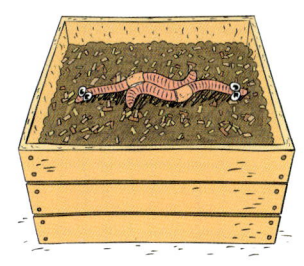

지렁이의 짝짓기

지렁이의 분변토

거미줄 치기

그물맥   나란히맥

차상맥   손모양맥

마주나기 – 사철나무 잎

어긋나기 – 무궁화 잎

돌려나기 – 냉초 잎

뭉쳐나기 - 은행나무 잎

장수풍뎅이 알

둥글고 부푼 알

알 속 애벌레

알을 깨고 나온 애벌레

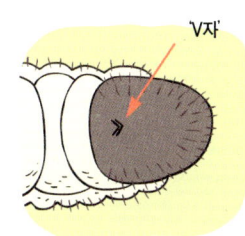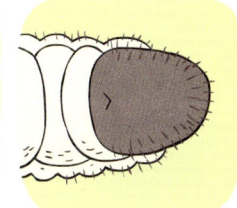
수컷 애벌레와 암컷 애벌레

천체망원경

여름철의 별자리

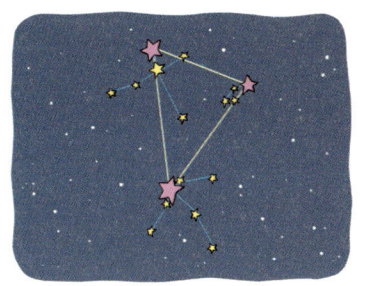
여름철의 대삼각형

우유 먹는 강아지

똥 누는 강아지

검은머리물떼새와 흑꼬리도요새

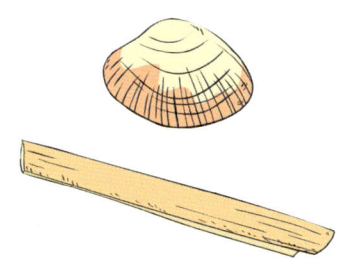
바지락과 맛조개

밤게와 갯가재

갯지렁이

망둥이와 가자미

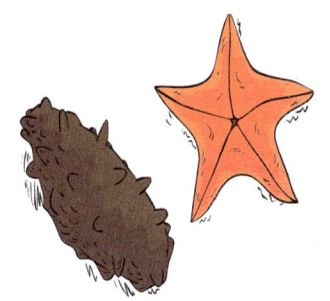
불가사리와 해삼

갯지렁이를 잡아먹는 물떼새

물새 알

게와 저어새들

게와 두루미

피를 먹는 모기

깨끗이 샤워~

모기향과 모기장

밝은 색 잠옷!

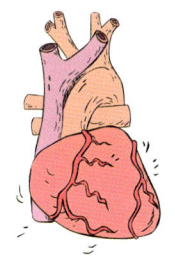

심장

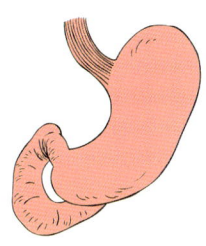

위

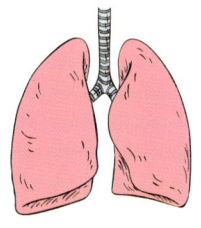

폐

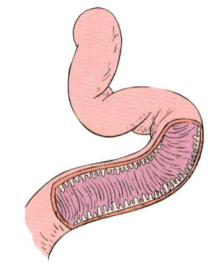

융털이 나 있는 작은창자

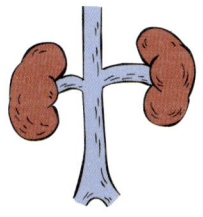

콩팥

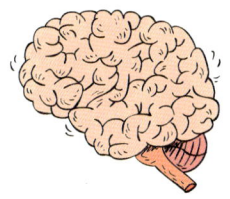

뇌

얼굴 뼈

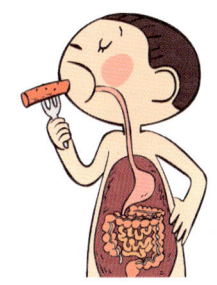
몸 속으로 들어가는 떡볶이

황금색의 건강한 똥　설사똥　변비똥

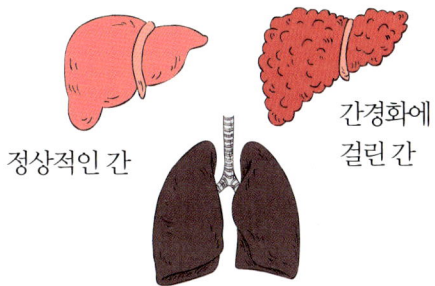
정상적인 간　간경화에 걸린 간
시커멓게 탄 것처럼 되어 있는 폐

습지(늪)

습지에 사는 수생식물

해식동굴

얼음동굴

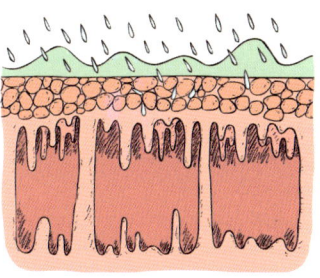
석회동굴

용암동굴

동굴 안 생명체

세이스모사우루스

콤포소그나투스

티라노사우루스

브라키오사우루스

스테고사우루스

오르니토미무스 공룡

육식공룡과 초식공룡

공룡의 후손들?

현무암

돌하르방

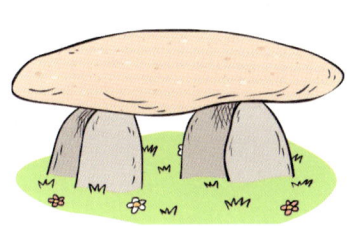

고인돌

고인돌 만들기

고인돌 안 시체

피라미드 속 미라

 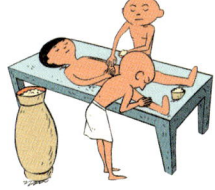

미라 만들기 ①, ②

차가운 바람은 아래로

미라 만들기 ③, ④

여러 가지 호미

신석기시대 마을

소로 밭 가는 모습

짚신과 짚공

멍석과 망태기와 짚신

짚으로 만든 옷—도롱이

활옷과 수혜

갓과 비녀

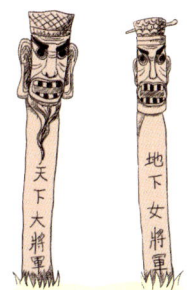

장승

신칼과 방울

칠성신

경복궁 근정전

순종 임금님의 어차

자수

떡메와 떡판

수리취떡, 시루떡, 송편, 가래떡

말 탄 사람 토기

금동 미륵보살 반가 사유상 – 국보78호

얼굴무늬 수막새

성덕대왕 신종

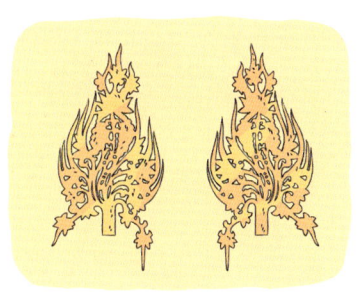
관장식

무령왕과 왕비의 관

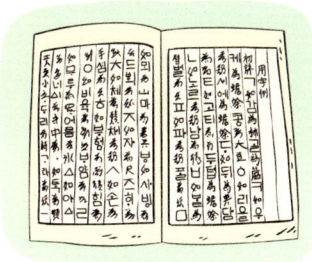

훈민정음

수표

현충사

이순신 장군의 칼

홍이포

첨성단

겨레의 탑

광개토대왕릉비

어린이 놀이 체험

방송국 마이크와 방송용 촬영 카메라

대형 선글라스

대왕 피아노

이상무의 〈우정의 마운드〉

옛날 만화가게

상암 월드컵 경기장

줄리메컵

로봇 뮤지엄

휴보

아세칠렌 가스등명기 등롱

근역강산맹호기상도

진화하는 인간

시아노박테리아

앉은뱅이 나무 책상

모기에 물린 얼굴

놀파 대표 예지와 공부파 대표 예원

후크 선장과 피터 팬

숨은 그림 : 나비, 구름, 매미

마라도에 있는 등대

밀가루 체험전 모습

반딧불 체험전 모습